고려시대의 차문화 연구

고려시대의 차문화 연구

박동춘 지음

이른아침

고려시대 차문화, 그 아름다움을 찾아서

　고려는 문화의 다양성과 역동성을 구현한 시대였다. 어느 시대보다 발달한 차문화를 구가했던 고려는 송과의 지속적인 교류를 통해 발달한 차문화를 받아들이는 한편 고려만의 독자성을 확보했다.

　이처럼 고려시대 차문화를 높이 평가하는 근거는 무엇일까. 고려시대는 질높은 명차와 청자 찻그릇을 완성했고, 귀족층·승려·관료 문인으로 확산된 음다층의 문화적 수준이 높았던 시대였기 때문이다.

　물론 좋은 차와 찻그릇을 생산할 수 있었던 저변에는 차에 밝았던 승려들과 개방적이었던 고려시대의 시대 환경도 중요한 변수로 작용했다. 그리고 차문화를 이끈 불교계의 풍부한 경제력과 사회적인 영향력 또한 차문화를 융성하게 만든 이유였다.

　특히 차를 즐겼던 수행자나 문인, 왕실 귀족층들은 자신의 입처立處에서 차의 가치를 적극 활용하여 차의 효능을 만끽했다. 그러므로 음

다에 관심을 가진 사람이라면 고려시대 차문화에 관심을 가져보는 것이 바람직해 보인다. 왜냐하면 고려시대 사람들의 차에 대한 열정과 안목을 살펴보는 과정에서 자연스럽게 차의 올바른 활용법을 알 수 있기 때문이다. 더구나 신묘한 차의 내면세계를 찾으려 했던 고려인의 차에 대한 지혜는 현대인의 차에 대한 궁금증을 해결해 줄 키워드라는 점에서도 의미가 있다. 분명한 것은 고려시대 차를 즐긴 이들이 차를 통해 얻었던 심신의 안정과 여유를 우리도 함께 누릴 수 있으리라는 확신 때문이다.

필자 또한 차에 대해 궁금증은 독자들과 동일한 선상에 있다. 초의선사(1786~1866)를 연구하는 동안, 초의가 차에 대한 궁금증을 하나하나 해결해 가는 과정을 찾아가면서 차의 진면목을 어렴풋이 짐작하였다. 무엇보다 초의선사가 초의차를 완성해 가는 과정에서 말했던 차의 체용體用이 무엇을 의미하는지에 주목했다. 여러 갈래로 퍼져 나간 궁금증 중에서도 필자의 관심을 집중시킨 부분은 조선 후기 초의선사가 대흥사의 선차를 복원하는 과정에서 보여준 차에 대한 열정이었다. 나아가 그와 교유했던 선비들이 차를 곁에 두고자 했던 연유도 궁금했다. 이런 의문을 하나하나 해결하고자 초의선사의 발자취를 따라나선 지 수십 년, 하나씩 의문이 풀려가는 동안 그 결과를 묶은 책도 몇 권이 되었다. 차문화의 연원을 찾아가는 동안 가장 관심을 끈 것은 차문화의 기저를 이룬 차가 만들어지는 과정과 원리였다. 결국 좋은 차를 얻기 위한 열정과 인내는 시대마다 조금씩 다르다 할지라도 치밀한 제다의 원리를 어떻게 접근했느냐에 따라 시대적인 차문화의 수준이 결정된다는 얘기다. 제다란 바로 차를 만드는 공정이다. 그러므로 각 시대가 구현했던 제다의 원리에는 그 시대마다 달랐던 차에 대한 인식과 제다의 경험이 축적되어 있다. 따라서 차를 만드는 방법엔 차의 이치를 알아차린 선각자들의 경험적 노하우와 시공간이 축적되어 있는 셈이다.

고려 문인들의 문집 속에 수록된 다시茶詩는 고려시대 차문화를 조명할 수 있는 기초적인 자료이다. 그들이 남긴 차의 예찬은 그들이 느낀 차의 세계를 드러낸 것이다. 물론 그들이 차를 노래한 시어詩語에는 고려를 대표하는 지식인이 남긴 차에 대한 이해의 깊이뿐 아니라 차의 이상세계도 고스란히 담겨 있다. 그러므로 이들이 추구했던 차의 세계를 이해하기 위해서는 그 시대의 사상과 문화, 예술이 지향했던 흐름을 이해해야 한다. 그들이 구사한 완곡한 어휘, 감수성, 중의적 표현은 지금과 그 결이 다르므로 이에 따른 간극을 줄이기 위해 시공간을 초월해 그 시대로 돌아가볼 필요가 있다. 필자가 고려인이 즐겼던 백차白茶를 연구·재현한 것도 그 간극을 좁히기 위함이었다. 그러나 고려시대 제다법의 연구는 간단한 일이 아니다. 어느 날이던가, 이와 관련된 문헌자료를 살펴보던 중 문득 떠오른 생각, 바로 조선 후기 초의선사가 완성한 제다법과 고려시대 차를 만드는 법은 서로 통하는 줄기가 있었을 것이라는 점이었다. 결국 찻잎을 따서 열을 가하는 등, 차 싹을 가공하는 공정 과정이 다르다 할지라도 차를 만드는 목적은 같기 때문에 이에 따라 고려시대에는 단차를, 조선후기 초의는 잎차를 만들었다. 차 문화사의 변천을 이해하려면 제다의 변화를 알아야 한다. 왜냐하면 제다법의 변천은 탕법湯法의 변화를 가져왔기 때문이다.

차를 영초靈草라 부른 것은 차가 지닌 신령함 때문이며 8세기 당나라 육우(733~804)의 『다경』에 "차는 남방의 아름답고 진귀한 나무다 [茶者南方之嘉木也]"라고 한 것도 같은 의미라 할 수 있다.

한편 차의 맛으로 맑고 감윤甘潤한 것을 최고라 여긴 것은 정신을 맑게 하는 효능과 잠을 적게 하는 효능을 드러낸 것인데, 이를 적극 활용하여 수행에 도움을 얻고자 한 그룹은 선종禪宗 승려들이다. 승려들이 차를 이용하기 이전, 차를 통해 불로장생을 꿈꿨던 건 도가의 신선들이다. 그러므로 차를 칭송한 문인의 시문에서는 차를 마시는 동안 그들이 겪었던 회한悔恨이나 슬픔, 분노를 삭이고 편안하게 이완되는 몸과 마음을 담담히 노래하는 내용이 많았다. 그뿐 아니라 수행승은 삼매三昧로 이끌어주는 차의 세계를 담담히 읊었다. 차는 혼란과 분노, 시기와 질투로 오염된 마음을 맑고 담박한 상태로 만들어준다.

고려시대 차는 단차團茶(가루차)를 선호했기에 물을 끓이는 방법이 잎차를 다룰 때와 다르다. 가루차는 맹탕(삼비)으로 끓인 탕을 쓰지만 잎차는 순숙(오비)으로 물을 끓인다. 이에 따라 찻물을 끓이는 도구의 형태도 변화되었는데, 이는 차의 순수한 맛·향기·기운을 얻기 위한 장치일 뿐 차를 마심으로써 얻는 차의 효능은 같다. 심신의 안정은 결국 맑고 기운찬 한잔의 차에서 얻을 수 있다는 결론이 선인들이 남긴 전언傳言이다.

중국에서 한국으로 차가 전해진 것은 6세기 말에서 7세기경이다. 이 무렵 도당渡唐했던 유학생, 상인, 승려, 사신들이 신문화를 가장 먼저 접한 그룹이다. 특히 차와 불교 수행의 융합은 새로운 수행법이었다.

단차를 만드는 차싹

그러므로 선종에 관심을 가졌던 도당구법승들은 적극 차를 수입한 계층이었다.

고려 초기 차는 왕실의 권위를 상징하는 하사품이자 부처님께 올리는 공양물이었다. 이는 차를 선진 문물로 인식한 고려 지배층의 차에 대한 생각을 반영한 것이다.

그런데 고려시대는 차가 정신을 맑게 하고 몸을 평탄하게 하는 효과를 국가 제도로 적극 활용했는데, 다시茶時라는 제도가 그것이다. 고려 왕실의 지혜로운 차 활용은 차문화의 종주국인 중국에서도 찾아볼 수 없던 사례였다.

서긍徐兢(1091~1153)의 『선화봉사고려도경』에 "하루에 세 차례 올린 차를 마신다. 이어 탕湯이 나온다. 고려인들은 탕을 약이라고 한다. 매번 사신들이 다 마시는 것을 보면 반드시 기뻐하고 만약 다 마시지 못하면 자기를 깔본다고 여겨 불쾌히 여기며 가버리기 때문에 항상 억지로라도 마셨다[日嘗三供茶而繼之以湯 麗人爲湯謂藥 每見使人飲盡必喜 或不能以爲근 必怏怏而去故 常勉强爲之啜也]"라고 한 대목이 눈에 띈다. 고려 왕실의 의례에서 탕을 내면서 약이라고 한 대목에 주목할 필요가 있다. 서긍이 "토산차는 맛이 쓰고 떫어서 입에 댈 수가 없다[土産茶味苦澀 不可入口]"라고 했는데, 차를 올리는 의례의 절차상 식은 차를 마실 수밖에 없었다. 그러므로 고려에서 생산된 차는 쓰고 떫다고 한 것이며 이를 해결하기 위해 탕湯을 냈던 것이다. 바로 쓴맛의 여운을 탕으로 환치시켜 단맛을 내기 위한 조치요, 다른 한편으론 차의 기운을 활발하게 드러내려는 것이요, 결국 의례 절차 상 식어버린 차의 효능을 되살려보려는 고려인의 지혜를 드러낸 것이라 하겠다.

이 글은 차를 즐겼던 고려 문인들의 차생활을 살펴보는 과정에서 향기로운 차 한잔을 얻기 위한 선인들의 지혜를 엿보는 데 방점을 두었다. 특히 차에 적합한 물을 선택하는 기준이나 찻그릇에 대한 고려시대 지성인들의 안목도 살펴보고자 하였다. 무엇보다 차를 사랑했던 고려인들의 차에 대한 열정과 이상세계를 드러내고자 한 것이다.

작금에 출판 시장이 어려운 상황임에도 열의와 성의를 다해준 이른아침 김환기 대표와 관계자들께 두 손 모아 감사를 드린다.

2021년 만추에
종묘 숲이 한눈에 들어오는
용슬재에서

차 례

제3장

고려시대 승려들의 차와 선

제4장

왕실과 유학자들의 차문화

제1장

고려의 독특한 차문화와 제도들

명전茗戰, 점다 고수들의 유쾌한 놀이

고려시대 차문화의 특징 중 하나가 명전茗戰이다. 이는 사원을 중심으로 승려들이 주도했던 품다회品茶會의 일종으로, 문인들을 초청하여 좋은 차를 감상하는 문회文會였다. 그런데 명전 놀이의 승패는 다회에 참여한 인사들이 점다點茶한 차의 거품이 얼마나 오래 꺼지지 않는가로 승패를 가늠했다. 이는 팽주烹主(차를 달이는 사람)의 안목, 즉 좋은 차를 가늠할 수 있는 능력과 좋은 물을 선택할 수 있는 안목, 격불擊拂 솜씨, 물 끓이기 등에 따라 우열이 가려지는 차 놀이다. 그러므로 명전 놀이에 참여하는 승려의 차에 대한 종합적인 안목을 드러내는 행사였다는 점에서 승방의 풍류요, 차를 내는 점다 행위를 예술로 승화시킨 사찰의 주요 행사였던 셈이다.

명전의 장소와 주최 그룹

고려에서 유행했던 명전 놀이는 송의 투다鬪茶에서 영향을 받은 것이다. 그런데 사원을 중심으로 행해진 명전은 고려인의 차에 대한 안목을 드러내면서 고려적인 색채를 함의한 문화예술로 발전하였다. 이연종李衍宗의 〈박치암이 차를 보냈기에 감사를 표하며謝朴恥菴惠茶〉에서는 명전을 주도했던 그룹과 그 규모를 이렇게 설명하였다.

소년 시절, 영남사에 객이 되어	少年爲客嶺南寺
자주 승려를 따라 명전에 참여했지	茗戰屢從方外戲
용암 벼랑, 봉산 기슭	龍巖巖畔鳳山麓
승려 따라 대숲의 매부리처럼 여린 차를 따서	竹裏隨僧摘鷹觜
화전(火前)에 만든 차를 가장 좋다고 하는데	火前試焙云最佳
더구나 용천봉정 샘물까지 있음에랴	況有龍泉鳳井水
사미승의 날랜 삼매의 솜씨로	沙彌自快三昧手
찻잔 속에 새하얀 거품을 쉬지 않고 만드네	雪乳翻甌點不已
돌아와 벼슬길의 풍진에 매달려	撾來從宦走風塵
세상살이 이리저리 두루 맛보았네	世味遍嘗南北嗜
이제 병들어 쓸쓸한 방에 누웠으니	如今衰病臥閑房
번잡한 세상사야 내 상관할 일이 아니거늘	碌碌營營非我事
양락도 순갱도 생각이 없고	不思羊酪與蓴羹
대궐이나 풍악도 부럽지 않네	不羨華堂擁歌吹

앞의 시는 1478년 성종의 명으로 서거정徐居正(1420~1488) 등이 편찬한 『동문선東文選』에 수록된 작품으로, 그 중 일부를 소개한 것이다.

高士圍碁(고사위기, 전
공민왕, 1330~1374),
조선초, 견본채색
137.2×65.0, 김용두
소장

이연종은 어린 시절 영남사의 승려와 명전을 경험했던 자신의 체험담을 서술하였다. 그가 참여했던 명전은 바로 사원이 주도한 차 모임으로, 사미승이 날랜 솜씨로 차를 다루는 정황을 묘사했다. 그 솜씨를 삼매라고 표현한 것이 눈에 띈다. 그런데 사미승은 "찻잔 속에 새하얀 거품을 쉬지 않고 만드네"라고 한 것에서 그가 명전에서 마신 차가 백차白茶였음이 드러난다.

백차는 12세기 송 휘종이 선호했던 차로, 가장 좋은 차를 상징한다. 이 무렵 고려에서도 백차를 선호했다. 당시 백차는 극품의 연고차研膏茶다.

한편 승려들이 주도했던 명전 놀이는 이규보의 〈덕연원에서 머물며 화답하다[和宿德淵院]〉에서도 언급된 바가 있는데, 이 글에 "늙은 중은 일도 많구나[老衲渾多事] / 차 맛을 평하랴 다시 물을 평하려니[評茶復品泉]"라고 한 것이 그것이다. 그는 노련한 노승이 점다한 차를 대접받았다는 점에서 당시 이규보가 교류했던 승려의 수준을 짐작하게 한다. 아울러 명전의 규모와 수준은 초대받은 문인에 따라 달랐다는 것을 알 수 있다. 고려시대에 명전을 주관하는 주체자는 승려였고, 승원은 명전이 열리던 문화공간이었다. 이는 이규보의 〈다시 앞의 운자를 써서 보내다[復用韻字贈之]〉에 잘 나타난다.

담담한 노스님, 물건 하나 없지만	蕭然方丈無一物
솥에서 물 끓는 소리 듣기 좋아라	愛聽笙聲號鼎裏
차와 물을 평하는 것은 불교의 풍류이니	評茶品水是家風
양생을 위해 천년의 복령이 필요치 않네	不要養生千歲蘗

선춘, 작설 등 최고급차 선보이는 경연

그렇다면 명전에서 사용했던 차는 무슨 차일까. 이규보와 한수韓脩 (1333~1384)의 시에서 그 해답의 실마리를 찾을 수 있다. 먼저 이규보 는 〈운봉에 있는 규선사에게〉라는 시에서 "시냇가 차 싹은 이른 봄 에 싹 트니, 황금 같은 노란 움 잔설 속에서 자랐네[故敎溪茗先春萌 抽出 金芽殘雪裏]"라 하였다. 여기에 '선춘先春'이란 차 이름이 등장한다. 한 수는 〈경상도 안렴사가 햇차를 부쳐왔기에 다시 전운으로 짓다[慶尙 安廉寄新茶 復用前韻]〉에서 "올해 만든 작설차 비할 데 없이 귀하다[雀舌 今年貴莫如]"라고 하였으니, 여기에는 작설차가 등장한다. 그렇다면 이 규보가 말한 선춘先春차는 무엇일까. 바로 한식(4월 5~6일) 전에 딴 어 린 싹으로 만든 최고의 차다. 이런 차를 두고 이규보는 "입에 닿자 착착 감기듯 부드럽고 매끄러워[黏黏入口脆柔] / 마치 젖내나는 어린아 이 같구나[有如乳臭兒如稚]"라고 하였다. 이런 차를 명전에서 소개했던 것이다.

송나라의 투다와 고려의 명전

고려의 명전은 송대의 투다鬪茶가 사대부 중심이었던 점과는 차이 가 있다. 더구나 송의 투다는 어원御苑이 확대되어 공차貢茶 제도가 발전한 것과도 밀접한 관련이 있다. 그렇다면 송대에 유행하던 투다 鬪茶란 무엇일까. 북송대의 차 전문 학자였던 황유黃儒의 『품다요록品 茶要錄』에 그 답이 있다. 황유는 '투鬪'를 이렇게 정의한다.

극품의 차를 투라 하고 아투라고 한다. 그다음(차품)이 간아와 차아이다.

유송년의 〈투차도〉, 대북고궁박물관

투품(차)이 비록 최상이라 할지라도 호원에는 어쩌다가 한 그루의 차 나무를 기르는데 그칠 뿐이다. 대개 천지간에 특이한 것이므로 모두 그럴 수 있는 것은 아니다.

茶之精絶者曰鬪曰亞鬪. 其次揀芽茶芽. 鬪品雖最上 園戶或止一株 蓋天 材間有特異 非能皆然也.

이 글에 따르면, 투는 극품의 차라고 정의한다. 그러므로 투鬪나 아 투亞鬪 같은 최상급의 차는, 비록 넓은 차밭을 운영하는 다농茶農이라 도 이런 차품을 얻을 수 있는 차나무는 불과 한 그루 정도일 뿐이다. 그러니 투품차는 아무나 함부로 얻을 수 있는 차가 아니라는 말이다. 그러므로 투다란 극품의 차를 겨루는 품다品茶 놀이였던 셈이다.

송 휘종徽宗(1082~1135)도『대관다론大觀茶論』에서 투품에 대한 의의 를 다음과 같이 설명하고 있다.

차는 새벽에 따고 해가 뜨면 (차 따는 일을) 그만둔다. 손톱을 이용하여 싹을 따고 손가락으로 문질러 따면 안 된다. 대개 차 싹은 작설이나 낱 알 같은 것이 투품이다. 일창일기는 간아이다. 일창이기는 그다음 차 품이다. 이 외에는 하품이다. 차가 처음 싹이 트면 백합에 싸여있다. 백 합을 제거하지 않으면 차 맛을 해친다. 이미 딴 차에는 꼭지가 있는데 (이를) 제거하지 않으면 차 색을 해친다.

撷茶以黎明 見日則止 用爪斷芽 不以指揉 凡芽如雀舌穀粒者爲鬪品 一 槍一旗爲揀芽 一槍二旗爲次之 餘斯爲下 茶之始芽萌則有白合 不去害 茶味既撷則有烏蔕 不去害茶色.

일창이기 찻잎

이에 따르면 투품鬪品차는 새벽에 딴다고 하였다. 이는 차 싹에 함
유된 양기陽氣를 최대한 보존하기 위한 조치이다. 만약 해가 뜨면 찻
잎 속에 들어있는 양기가 흩어지기 때문에 좋은 차를 만들 수 없다
고 여겼다. 12세기 송나라에서는 작설이나 낱알처럼 여린 싹으로 차
를 만들었다는 것을 알 수 있다. 작설이나 낱알 같은 싹에는 움을 싸
고 있는 겉껍질이 있다. 이것이 백합白合이다. 차 싹에 붙어 있는 백
합이나 꼭지를 따낸 차 싹만으로 투품차를 만들어야 한다. 그러므
로 투품은 어원에서 생산되는 황실용 차로, 공정마다 소요되는 인

력이 산차散茶를 만드는 것과는 비교가 되지 않는다. 14세기 중엽 주원장이 명나라를 건국한 후 조칙을 내려 단차를 금지시킨 이유가 여기에 있다.

죽력수 등 최상의 물도 필수조건

아무리 귀품의 차를 얻었다고 하더라도 투다의 조건에서 가장 중요한 요소는 물이었다. 물의 중요성을 언급한 강휴복江休復은 『가우잡지嘉佑雜誌』에서 이렇게 말했다.

> 소재옹(소순원)이 일찍이 채군모와 투다를 벌였다. 채군모의 차는 혜산의 샘물을 사용하여 정밀했고, 소재옹의 차는 채군모보다 열세하였다. 다시 죽수를 사용하여 차를 달여 마침내 승리하였다.
>
> 蘇才翁嘗與蔡君謨鬥茶. 蔡茶精用惠山泉 蘇茶劣. 改用竹水煎 遂能取勝.

채군모蔡君謨(蔡襄의 字, 1012~1067)와 투다의 우열을 겨루었던 소순원은 초서를 잘 쓴 인물로, 차에도 밝았다. 채군모 또한 북송 시대에 최고품의 소용단을 만들었던 인물이므로 이들의 차에 대한 식견은 말할 필요도 없다. 그런데 첫 번째 투다에서는 소재옹이 혜산의 물로 차를 달인 채군모에게 졌다. 하지만 다시 겨룬 투다에서는 소순원이 물을 바꾸어, 죽력수竹瀝水로 차를 달여 승리를 거둔다. 투다에서 물이 얼마나 중요한 요소로 작용하는지를 드러낸 것이라 하겠다. 아무튼 이로부터 좋은 찻물로 죽수, 혹은 죽력수가 세상에 알려지게 되었다.

송대의 문인들이 수많은 다시茶詩와 다화茶畵를 남긴 연유는 차를 다루는 일, 즉 투다가 사대부들이 자신의 문학적 정서와 사유를 반영한 인문적 실천으로 하나의 일상사였기 때문이다.

물론 고려시대에 유행했던 명전 놀이도 승려들이 관료 문인들을 초청하여 벌인 일종의 문회文會였기에 수많은 다시와 다화가 그려졌을 것으로 추정한다. 그러나 현재 남아 있는 자료로는 11세기 이후 관료 문인과 승려들이 남긴 다시가 있고, 다화도 고려 말기에 그려진 1~2편이 전해질 뿐이다.

02

다소茶所와 고려의 명품 백차白茶

고려시대의 승원은 차 문화의 향연이 벌어진 공간이었고, 이를 이끈 건 수행승들이었다. 특히 고려시대 사찰 주변에 형성된 다촌茶村은 전라도와 경상도 일부 지역에 분포되어 있었을 것이니, 이는 차나무의 생육 조건 때문이다.

장흥 등 전라도 중심으로 작설차 공납

왕실용 차를 공급하던 곳이 다소茶所이다. 중국의 경우 황실용 차를 만들던 곳을 어원이라 한다. 고려시대에는 차나무가 자라는 지역에 차세를 부과하였고, 이는 군현을 통해 관리되었을 것이라 추정된다. 특히 고려에서는 '향, 부곡, 소, 장, 처' 등으로 분류해서 특정한 물품을 안정적으로 공급했을 것인데, 왕실 귀족들의 차 수요는 다소를 통해 공급했을 것이라 여겨진다.

　실제 고려시대 차 관련 자료 중에 다소와 관련된 문헌자료는 찾기 어렵지만, 조선 초에 편찬한 『세종실록지리지』를 통해 대략 추정할 수 있다. 『세종실록지리지』에 의하면 '작설차'를 토공土貢으로 올린 지역으로 경상도의 경주부, 밀양도호부, 울주, 진주목, 함양군, 고성현, 하동현, 산음현, 진해현 등에 분포되었고 밀양의 엄광사에서도 작설차가 난다고 하였다. 그런데 작설차를 토공으로 올린 지역을 보면 경상도보다 전라도가 훨씬 많았음을 알 수 있다.

　전라도 전주부에는 고부군, 옥구현, 부안현, 정읍현이 있었고, 나주목에는 영암군, 영광군, 강진현, 무장현, 함평현, 남평현, 무안현, 고창현, 흥덕현, 장성현 등이 있었으며, 남원도호부에는 순창군, 구례현, 광양현 등이 있었다. 또 장흥도호부에만 다소 13곳이 있다고 하였다. 장흥도호부에 속한 담양도호부, 순천도호부, 무진군, 보성군, 낙안군, 고흥현, 동복현, 진원현 등에서도 차를 공납했다. 그런데 조선 초기까지 다소茶所가 있던 지역은 장흥도호부에 속한 요량, 수태, 칠백유, 정산, 가을평, 운고, 정화, 창거, 향여, 웅점, 가좌, 거개, 안칙곡 등이고, 동복현 와지다공리에도 다소가 있었던 것으로 확인된다. 그러므로 『세종실록지리지』에 소개된 토공 지역은 대부분 고려시대부터 차를 생산하던 주요 지역으로 사찰을 중심으로 다촌과 다소가 분포되었던 지역일 가능성이 높다.

　따라서 여말선초麗末鮮初까지도 차의 주산지는 경상도 일부 지역과 전라도였는데, 특히 장흥도호부가 작설차 토공 지역이다. 반면에 경상도 지역 일부에서는 조선 초기에 이르러 이미 차를 생산하지 않는 지역도 있었다. 당시 이런 상황은 김종직金宗直(1431~1492)의 〈다원茶園〉

을 통해 확인할 수 있다.

> 나라에 바치는 차가 우리 군에서는 생산되지 않는다. 그런데 해마다
> 백성에게 차를 부과한다. 백성들은 차를 사 올 돈을 가지고 전라도에
> 서 사 오는데, 대략 쌀 한 말에 차 한 홉을 사 왔다.
> 上供茶 不産本郡 每歲賦之於民. 民持價 買諸全羅道 率米一斗得一合.

이 글에 따르면, 고려가 멸망한 후 100년 정도가 되면 토공으로 차
를 올리던 경상도 지역에서는 이미 차를 생산하지 않았다고 했다. 반
면에 차의 주요 산지였던 전라도 지역에서는 여전히 차가 생산유통
되었고 그 값도 비쌌음이 확인된다.

고려시대 차의 품질

고려 문인의 다시茶詩에서는 당시 향유한 차의 품질이 어땠는지 살
필 수 있는 구절도 눈에 띈다. 예컨대 이규보는 〈운봉에 주석하시는
장로 규선사에게[雲峰住老珪禪師]〉에서 "시냇가 차 싹, 이른 봄에 싹 터
황금 같은 노란 움이 눈 속에서 돋았네[故敎溪茗先春萌 抽出金芽殘雪裏]"라
고 하였다. 그리고 이연종李衍宗도 〈박충좌朴忠佐가 차를 보냈기에 감
사하여[謝朴恥菴惠茶]〉에서 "용암 벼랑과 봉산 기슭 산승 따라 대숲에
서 매 부리 같은 어린 차 싹을 땄네. 화전에 차를 덖어보니 최고의 품
질이라[龍巖巖畔鳳山麓 竹裏隨僧摘鷹觜 火前試焙云最佳]"라고 노래했다.

고려시대의 백차 제다법

12세기 이후 유행했던 백차白茶는 어떻게 만든 차일까. 먼저 수아나 매 부리, 노란 움처럼 어린 차 싹을 딴 후, 차 싹에 붙어 있는 백합白合(차 싹을 싸고 있는 겉잎)이나 줄기를 모두 제거한 후 시루에 넣어 증기로 찐 다음 자다榨茶 혹은 착다榨茶라는 공정을 거친다. 착다榨茶는 찐 차 싹의 물기와 엽록소를 제거하는 공정이다.『북원별록』에 착다榨茶의 공정을 이렇게 설명하였다.

> 차 싹을 익힌 것을 다황(茶黄)이라 한다. 여러 차례 물을 뿌려 (익힌 차 싹을) 식힌다. 바야흐로 소착(小榨)에 올려놓고 물기를 제거하며 또 대착(大榨)에 넣고 고를 짠다. 먼저 면백으로 싸고 죽순 피로 묶은 연후 대착에 넣고 누른다. 한밤중에 이르러서 꺼내 고르게 주물러서 다시 대착에 넣는데 이것을 번착(翻榨)이라 한다.
>
> 茶既熟 謂之茶黄. 須淋洗數過[欲其冷也] 方上小榨以去其水. 又入大榨出其膏. 先是包以布帛 束以竹皮 然後入大榨壓之 至中夜 取出揉匀 復如前入榨 謂之翻榨.

이 글에 따르면, 수증기로 차 싹을 익힌 것을 다황이라 한다. 다황한 차는 물을 뿌려 뜨거운 열기를 식힌다. 이는 열기로 인해 차 싹이 누렇게 변질되지 않게 하려는 공정이다. 만약 뜨거운 상태로 방치하면 차 싹이 누렇게 변하여 싱그러운 차 맛과 향이 사라져 차의 정기를 잃기 때문이다. 만약 제다 공정과정에서 차의 정기를 잃게 된다면 몸과 마음을 정화할 수 있는 차는 아닌 것이다.

일창(창 모양의 여린 잎) 형태의 찻잎. 일창 차 싹으로 백차를 만든다.

다황을 거친 차는 찬물을 뿌린 후 소착 과정을 거쳐 물기를 제거한
다. 이후 대착을 거치는데, 차 싹의 엽록소를 제거하는 공정이다. 소
착과 대착을 거친 차는 번착을 거친다. 이는 차 싹의 엽록소를 고루
고루 제거하기 위한 것이다. 그런데 소착, 대착, 번착 등 차 싹의 물
기와 엽록소를 제거하는 공정과정은 하룻밤을 넘지 않아야 하므로
세심한 주의가 요구된다. 백차를 만드는 공정과정에서 소착, 대착,
번착의 과정을 거친 차는 엷은 녹색과 흰빛을 띠는데, 마치 마른 대
나무 잎과 비슷하고, 그다음에는 빛바랜 대나무 잎처럼 변화된다. 이
를 절구에 넣고 찧어낸 후, 다시 물동이처럼 생긴 동이에서 공이로
갈아낸다. 차를 갈 때 마찰로 인해 차가 마른다. 이런 상태가 되면 물
을 조금 친 후, 다시 갈아 고운 가루 상태가 될 때까지 갈아야 한다.
이때 차에 물을 치는 것을 배수拜水라고 한다. 조여려의 『북원별록』
에는 황실 공납용 승설백차勝雪白茶는 16번 정도 배수를 거치고, 소용
봉단은 4번, 대용봉단은 2번 정도 배수하며 간다고 했다. 10번 이상
배수를 거친 차야말로 함부로 얻을 수 없는 황제용 차였다. 그렇다
면 고려 왕실이나 귀족, 승원에서 열린 명전茗戰 놀이에서도 이런 상
품의 백차가 소개되었을까. 고려시대의 차 문화가 중국의 음다 흐름
을 함께했기 때문에 10배수를 거친 백차가 진상되지 않았을까 생각
한다.

배수만 10회 이상 하기도

다시 『북원별록』의 〈차 만들기[造茶]〉에서 배수 이후 공정 과정을
살펴보자.

무릇 연분(차를 가는 동이)에서 처음 꺼낸 차를 흔들어야 하는데, 이는 표면을 고르게 하기 위함이다. (이런 상태의) 차를 주무르는 것은 (차가) 부드럽고 찰지게 하기 위함이다. 그런 연후에 틀에서 찍어낸 덩이를 만들어 뜸에서 과황을 거친다. 그러므로 그 모양은 네모난 것, 꽃 모양, 대용단, 소용단이 있다.

凡茶之初出研盆 蕩之欲其勻 揉之欲其膩. 然後入圈制銙 隨笪過黃有方 故 銙有花銙 有大龍 有小龍.

이것이 『북원별록』이 밝힌 백차 공정과정의 일부이다. 이에 의하면, 절구에 찧어낸 차를 다시 동이에서 갈아낸 차 가루를 흔들어 표면을 고르게 한다고 하였다. 종래의 대소용단 같은 단차는 고를 짜내는 공정이 없고 배수도 2번 정도를 거쳤을 뿐이다. 그런데 백차는 2번, 4번, 16번의 배수를 거친다고 하니 단차보다는 훨씬 더 많은 인력이 필요했다는 것을 알 수 있다.

과황 공정이 백차의 등급 좌우

대개 잎차를 만들 때 과황過黃을 거치는데, 이는 찻잎을 찌거나 덖는 과정을 말한다. 그러나 백차의 공정과정 중에 과황이란 이미 틀에서 찍어낸 덩이차를 뜨거운 불에서 건조하는 과정을 말하는 것으로, 이 공정에서 뜨거운 수증기를 통과한다는 점이 눈에 띈다. 아마 찍어낸 차에 남아 있는 풋내를 줄이기 위한 조치로 단차의 표면을 윤택하게 만들기 위한 공정이라 여겨진다. 황제용 최고급 차를 만드는 공정과정인 과황은 가장 섬세한 주의가 요구되는 공정이다.

어찌 보면 백차의 완성은 과황에서 결정된다고 할 만큼 중요한 과정
이라 하겠다.

고려 단차의 공정과정

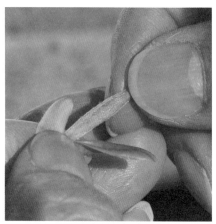

① 차 싹 고르기

② 골라둔 차 싹의 모습

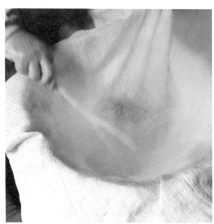

③ 찻잎 찌기

④ 쪄낸 찻잎의 물기와 고 제거하기

⑤ 물기와 고를 제거한 찻잎 찧기

⑥ 찧어낸 찻잎 갈기

⑦ 틀에 찍어내기

⑧ 불에 건조하기

03

다시茶時, 세계 유일의 국가 공식 티타임

고려시대에는 국가의 중요한 일을 처리할 때 먼저 차를 마신 후 안건을 처리하는 제도가 있었다. 바로 '다시茶時'가 그것이다. 차를 마시면 머리가 맑아지고 마음이 안정되는 효능을 국가 제도에 활용한 사례이다. 이는 국가의 중요한 일을 맑고 투명한 정신 상태에서 결정하고자 했던 고려인의 지혜가 반영된 것이다. 이런 제도는 차문화의 발원지인 중국에서도 사례를 찾기 어렵다는 점에서 고려시대 음다 문화의 특징이자 차의 이로움을 적극 활용한 사례라 하겠다.

다시는 고려와 조선의 공인 티타임

'다시'란 언제부터 국가 제도로 정착되었을까. 이를 규명할 문헌은 그리 많지 않은데, 다행히 '다시'의 절차와 규모 등을 수록한 자료로

『고려사』의 〈중형주대의重刑奏對儀〉가 있다. 그 내용은 이렇다.

다방(茶房)의 참상관(參上官)이 옆문으로 들어와 차를 올리면 7품 내시(內侍)가 뚜껑을 열어준다. 집례는 전(殿) 위에 올라가 전면의 기둥 밖에서 (국왕을) 향해 절을 하고 차를 권한 후 (차를) 내려놓고 전에서 내려간다. 다음으로 8품 이하의 원방(院房)이 재추(宰樞)에게 차를 올리면, 집례는 다시 전 위로 올라가 부복했다가 (재추들을) 향해 차를 들기를 청하고 나간다. 다음에는 단필과 주대를 맡은 관리가 들어와 (형량을) 아뢰면 단필로 참형의 판결을 삭제하고 감형해 유인도로 들여보내라고 한다. 끝나면, 국왕과 재추들에게 차를 권하며 집례는 재추를 인도하여 뜰 아래에 있는 욕위로 내려가서 낮은 소리의 구령으로 "재배하시오."라고 한다. 집례는 "주과(酒果)를 내리노라."고 국왕의 말을 전한 후에 낮은 구령 소리로 "재배하시오."라고 하고, (그들을 인도해) 밖으로 나가게 한다. 그리고 주대하는 관리와 성랑의 단필을 맡은 관리가 뜰로 들어오면, 사인은 큰 구령 소리로 "재배하시오"라고 한다. 집례가 "주과를 내리노라."는 국왕의 말을 전하면 사인은 큰 소리로 "재배하시오"라고 외치고 밖으로 나간다. 다음으로 합문이 옆걸음으로 걸어가 재배하면, 집례가 이르기를, "시봉원장(侍奉員將)에게 주과를 내리노라."고 하고, 사인은 큰 구령으로 "재배하시오."라고 외친다. 집례와 사인은 모두 재배하고 차례로 나간다.

茶房·叅上員, 從夾戶入, 進茶, 內侍七品員去盖子. 執禮上殿, 前楹外面拜, 勸茶, 放後下殿. 次, 院房八品以下, 進宰樞茶, 執禮又上殿, 伏面請茶出. 次, 丹筆奏對員入奏, 丹筆制斬決, 除入有人島. 畢後, 勸御藥及宰樞藥, 執禮引宰樞, 下庭褥位, 微喝 "再拜" 執禮承傳云 "宣賜酒果" 執禮

微喝"再拜"引出. 奏對員·省郎丹筆員入庭, 舍人喝"再拜"執禮承傳云
"宣賜酒果" 舍人喝"再拜"出. 次, 閤門橫行, 再拜, 執禮云"侍奉員將, 宣
賜酒果" 舍人喝"再拜"執禮·舍人皆再拜, 以次出.

　고려 왕실에서 중형을 논의할 때, 차를 마시는 절차를 언급하였
다. 다시라는 말을 본격적으로 사용한 것은 조선 초기이지만 이미
고려시대로부터 국가 대사가 있을 때 차를 마시는 제도가 있었다는
것을 알 수 있다. 이외에도 다시를 언급한 자료는 서거정(1420~1488)
의 〈제좌청기齊坐廳記〉와 성현(1439~1504)의 『용재총화慵齋叢話』, 이기
(1522~1600)의 『송와잡설松窩雜說』 등이 있다. 조선 후기에도 '다시'에
대한 언급이 산발적으로 보이는데, 앞에 언급한 문헌의 범주를 넘지
않는다.

『용재총화』에 나타난 다시 제도의 모습

　성현의 『용재총화』에 '다시'에 대해 상세히 서술하였다. 서거정은
〈제좌청기齊坐廳記〉에서 '다시'가 고려 때부터 있었다는 사실을 언급
했다. 먼저 『용재총화』에 수록된 다시 관련 내용을 살펴보자.

　　대관(臺官)과 간관(諫官)이 같다고는 하나 실은 같지 않으니 대관은 풍
　　교(風敎)를 규찰(糾察)하고, 간관은 임금의 과실을 바로잡는다. 대관은
　　지위마다 예의가 엄중하여 지평(持平)이 섬돌 밑에서 장령(掌令)을 맞
　　아들이고, 장령은 집의(執義)를 맞으며, 집의 이하는 대사헌(大司憲)을
　　맞는 것이 상례이다. 평상시에는 다시청(茶時廳)에 앉고 제좌(齊坐) 날

'다시'에 대한 상세한 내용이 담겨있는 『용재총화』

에는 제좌청(齊坐廳)에 앉는다.

臺官諫官 雖云一體 其實不同. 臺官糾察風敎 諫官正君過失. 臺官一位嚴
於一位 持平下階迎掌令 掌令迎執義 執義以下迎大憲例也. 常時坐茶時
廳 齊坐之日 坐齊坐廳.

윗글에 따르면, 풍습을 살펴 바로잡는 일은 대관의 업무요, 간관은
임금의 과실을 바로잡는 임무를 맡았다는 것이다. 그런데 대관의 예
의는 엄중하여 품계에 따라 대사헌을 맞는 상례를 행했는데, 품계의
질서가 엄정하다고 했다. 그뿐만이 아니다. 대사헌 이하 관료들이 평
상시에는 다시청에서 머물렀고, 국사를 논의하는 제좌가 있는 날엔

제좌청에 머물렀다. 그러면서 대헌이 관청으로 들어오면 관리를 맞이하는 절차를 상세히 서술하고 있다. 그 내용이 방대하므로 국가의 중요한 일을 처리할 때 차를 마시는 절차를 중심으로 살펴보면 이렇다.

> 대사헌은 의자에 앉고 나머지는 모두 승상(繩床)에 앉는다. 아전 여섯 사람이 각각 탕약(湯藥) 그릇을 들고 여러 사람 앞에 무릎을 꿇으면 한 아전이 "약잔을 받들라[奉藥執鍾]"고 외치고, 또 "바로 마셔라[正飮]"라고 외치면 이를 마시고 "약을 내려놓으라[放藥]"고 외치면 그릇을 물리친다. 또 한 명의 아전이 "바르게 앉아 공사를 바르게 하라[正坐正公事]"고 하면 여러 사람이 일어나 허리를 굽혀 예를 표하고[揖] 다시 자리에 돌아간다. 이윽고 둥근 의석(議席)을 당상에 깔고 모두 자리에 앉는다. 관직에 제수할 사람이 있으면 서명하고 탄핵할 일이 있으면 이를 논박한다.
> 大憲奇倚 其餘皆繩床. 有吏六人 各執湯藥鍾就跪諸位前 一吏唱曰奉藥執鍾 唱曰正飮則飮之. 唱曰放藥則去鍾 又一吏唱曰正坐正公事 諸位起揖還坐. 遂鋪圓議席於堂上 皆下坐有拜職者 則署而經之 有彈敫之事 論駁之.

공사公事를 처리하기 전에 차를 마시는 의례를 언급한 대목이다. 그런데 제좌청에서 행해진 차 의례는 찻잔을 들고, 마시고, 잔을 내려놓는 순차가 엄정하게 진행되었음을 알 수 있다. 차를 마신 후 관직에 제수할 사람이 있거나 탄핵할 사항 등을 처리했던 것이다.

다시는 고려시대 사헌부에서 시작돼

'다시'는 고려 때부터 시행되어 16세기 말까지 이어졌는데, '다시'
가 고려에서 시행된 제도였음은 서거정의 〈제좌청기齊坐廳記〉에서 확
인할 수 있다. 그 내용은 다음과 같다.

사헌부의 일은 두 가지가 있는데, 다시와 제좌이다. 다시는 다례의 뜻
에서 따온 것이다. 고려와 국초(조선 초)에 대관(臺官)은 언책(言責)만을
담당하고 서무를 처리하지 않았지만, 하루에 한 번 모여 차를 마시고
(모임을) 파하였다.

府之廳事有二曰茶時曰齊坐 茶時者取茶禮之義. 高麗及國初 臺官但任
言責 不治庶務 日一會設茶而罷.

서거정은 '다시'가 사헌부에서 행해졌던 일로, 다시는 차를 내는 절
차에서 그 명칭이 생겼음을 밝혔다. 그리고 '다시'가 고려 때부터 실
행되어 조선 초기까지도 대관에서 차를 마시는 제도였다는 점이다.

16세기 이후 사라져

이기(1522~1600) 역시 『송와잡설』에서 '다시'를 언급했다. 앞서 언
급한 문헌과는 조금 다른 내용이 눈에 띈다.

옛날 말에 실상은 없으면서 그 말만 전해 오는 것이 있으니, 야다시(夜
茶時) 같은 것이 그것이다. 전중[殿中, 전중어사(殿中御史)로 감찰(監察)을 뜻함]
관원도 모두가 대관(臺官)인데, 본부(本府)에 출사(出仕)하지 않는 날에

는 대장(臺長)으로서, 성상소(城上所)를 맡은 자가 여러 궁전 중의 모처에 모여 관장할 일만을 나누고 파하는 것을 다시(茶時)라 한다. 차를 마시고 그만 파한다는 말이다.

古語之無其實 而只傳其語者 如夜茶時之類是也. 殿中之員 俱是臺官 本府不坐之日 臺長之爲城上所者 會諸殿中於某處 只分臺而罷 謂之茶時 言其啜茶而罷也.

이기의 『송와잡설』은 그가 기자조선에서 선조 연간에 이르기까지의 일들 가운데 보고 들은 것을 기록한 책이다. 명현名賢의 일화逸話나 시화 등을 수집해 묶었다. 이 문헌에 "옛날 말에 실상은 없으면서 그 말만 전해 오는 것이 있으니, 야다시夜茶時 같은 것이 이것이다"라고 한 대목이 눈에 띈다. 이를 통해 적어도 16세기 무렵에는 '다시'라는 국가 제도가 이미 사라졌음이 확인된다. 물론 국가 제도의 가감은 시대의 요청에 따라 달라지는 것이지만 차를 마신 후 맑은 정신으로 국사를 처리하고자 했던 의미가 사라졌다는 점에서 아쉬움이 크다.

차는 다방에서 약재로 관리

고려에서 차를 관리하던 관청은 다방茶房인데 약방문도 수집했다. 이런 사실은 이규보의 〈신집어의촬요방서新集御醫撮要方序〉에서 확인된다. 그 내용은 다음과 같다.

옛 성현이 『본초(本草)』·『천금(千金)』·『두문(斗門)』·『성혜(星惠)』 등 모든 방문을 저술하여서 만백성의 생명을 구제하게 된 것이다. 그러나 권질이 너무 호번하여 열람하기에 곤란하다. 만일 시일이 오래 갈 병이면 의원을 찾는 것이 가하고, 모든 서적을 뒤져서 그 방문을 찾는 것도 가하다. 그러나 만약 갑자기 위급한 중병을 얻었다면 어느 겨를에 의원을 찾고 서적을 뒤질 수 있겠는가? 아예 정밀하고 요긴한 것만을 채집하여 위급을 대비하는 것만 같지 못하다. 국조(國朝)에 다방(茶房)에서 수집한 약방문 한 질이 있는데, 수집한 지 오래라, 탈루되어 거의 유실될 지경에 이르렀었다. 지금 추밀상공(樞密相公) 최종준(崔宗峻)이 이것을 보고 애석히 여긴 끝에 그것을 인쇄하여 널리 보급할 것을 생각하고 이를 상께 아뢰니 상께서 흔연히 허락하였다.

古聖賢所以著 本草千金斗門聖惠諸方 以營救萬生之命者也. 然部秩繁浩 難於省閱 其若寢疾彌留 勢可淹延時日 則謁醫可也. 搜諸書求其方 亦可也. 至如暴得重病 蒼皇危急 則又何暇謁醫搜書之是爲也. 不若採菁撮要 以爲備急之具也. 國朝有茶房所集藥方一部 文略效神 可濟萬命 以歲久脫漏 幾於廢失矣. 今樞密相公崔諱宗峻 見而惜之 思欲摹印以廣其傳 以此聞于上 上遂欣然領可.

윗글은 새로 편집한 『어의촬요방』의 서문이다. 이규보가 "국조國朝에 다방茶房에서 수집한 약방문 한 질이 있는데, 수집한 지 오래라 탈루되어 거의 유실될 지경에 이르렀었다"고 하였다. 따라서 다방은 고려시대에도 약을 관리하는 부서로, 차도 함께 관리했다는 것을 알 수 있다. 고려시대에 차를 정신 음료로 인식했을 뿐만 아니라 약으로도 인식했기에 고려시대에 차는 약을 의미하기도 했다. 조선 시대에도 차는 약으로 분류했다. 이런 사례는 조선왕조실록 가운데 『태종실록』에서 확인된다. 태종 때 예조의 건의로 선왕과 선후의 기신재

襄職初世於入耳之夜於鋪益賞環以入開門十間下

駒閒羲禁府啓李世及同直不告者李

把直用孟仁當杖一百三千里司輸論

李理重杖八十命皆丁未權永均等論○命

帝待永均等付母日元閒生何不來後須

盲曰王燈大者十亭付後來使臣以獻

見四人各厥受賜羊馬銀錠綵段○命全羅道觀察使權

給懷安大君女戊娠時[所需]○命先王先后忌晨齋繫用酒醴

禮曹啓周書曰祀玆酒自古祭祀無不用酒本朝 先王先后

忌晨齋皆有澆奠獨扵 太祖康獻大王 神懿王后澆奠用

酒其餘澆奠皆用茶湯殊未合禮乞依 太祖澆奠例每忌晨

皆用酒醴 從之○世子往興德寺 神懿王后忌晨燒香名

其者二三人圍碁 忠寧大君曰儲副之尊下與憸小為戲已

尚不可況在諱晨乎世子曰汝可矣觀音殿好睡盖懼之也

大君嘗諫世子不謹曰造物有與齒去角附翼兩足之殊聖人

『조선왕조실록』 태종조

제忌晨齋祭에서 차 대신 술과 감주를 쓰라는 조칙이 내려진 이후 왕실의 제사에는 차를 올리지 않았다. 왕실에서 차를 의례에 사용하는 사례는 매우 제한적이었기 때문에 약을 관리하던 다방茶房에서 약재의 일종으로 관리했던 것이 아닌가 생각한다.

04

다점茶店, 고려시대의 휴식공간

『고려사』에는 의종 13년(1159)에 사원을 찾은 왕을 위해 새로 '다정茶亭'을 설치하여 다회茶會를 열었다고 한다.

3월 을해(乙亥)일 왕이 현화사에 갔다. 이날 동쪽과 서쪽 양원의 스님들이 각각 다정을 차려 놓고 왕을 청했는데, 더 화려하고 사치스럽게 하려고 서로 다투었다.

三月乙亥 幸玄化寺 東西兩院僧 各設茶亭迎駕 競尙華侈.

차 마시는 공간인 다정 출현

의종 13년(1159) 3월에 왕을 위해 현화사 승려들이 임시로 다정을 설치하고 다회를 열었다. 당시 왕이 방문했던 현화사는 법상종 사찰이다. 원래 법상종은 석충釋忠이 진표 계통의 법상종을 계승하여 고려에 소개하였고, 고려 초기에는 그 활동이 화엄종보다 미미했다. 그러다가 목종穆宗(재위 998~1009)의 원찰인 숭교사崇敎寺를 창건한 후 법상종의 교세가 도드라졌고, 현종(재위 1009~1031)이 즉위한 후에는 법상종의 교세가 더욱 확대되어 화엄종과 양립하는 형세를 이룬다. 특히 문벌귀족 이자연의 아들 소현韶顯이 지공국사 해린海麟(984~1067)에게 출가하고, 문종의 다섯째 아들이 소현에게 출가함에 따라 현화사를 중심으로 한 법상종 승려들의 영향력이 더욱더 넓어졌다.

그러니 의종(재위 1146~1170) 때 현화사의 교세는 상당했다. 그러므로 현화사를 찾은 의종을 위해 동서 양원의 승려들이 다정을 설치하여 화려한 다회를 연 것은 당연한 일이다. 더구나 현화사는 교학 중심의 귀족적 성향을 보인 종파였다는 점에서도 그렇다.

향림정은 고려시대 영빈관의 공식 다정

이보다 앞선 시기의 다정 규모를 살펴볼 수 있는 자료로는 서긍의 『선화봉사고려도경』〈관사館舍〉의 '향림정香林亭'이 있다.

향림정은 궁궐의 전각으로 사신들이 묵으며 차를 마시고 여가를 즐긴 공간이라는 점에서 현화사의 다정과는 결이 다르다. 다만 관사의 부속 건물인 향림정이 다정의 성격을 띤 전각이라는 점이 흥미롭다. 향림정의 규모는 대략 이렇다.

향림정은 조서전 북쪽에 있다. 낙빈정 뒷산으로 가는 길로 올라가면 관사에서 100보 가량 떨어진 산 중턱에 세워져 있다. … 8면에 난간이

安

詔書于殿俟王卜吉日受

詔其日率三節官拜于庭都轄提轄對捧上

節前導出館置采輿中使副以次從行

清風閣

清風閣在館廳之東都轄提轄位之南其制

五間下不施柱唯以拱斗架疊而成不張幄

幕然而刻鏤繪飾丹雘華侈冠於他處唯以

貯所錫禮物崇觀中揭名涼風今易此名耳

香林亭

香林亭在詔書殿之比自樂賓亭後有路登

山去館可百步當半山之脊而名其制四

稜上為火珠之頂八面施欄楯可以據坐偃

松恠石女蘿葛蔓互相映帶風至蕭然不覺

有暑氣使副眼日每與上節官屬真茶枰其

於其上笑談終日所以快心目而却炎燕也

使副

使副位在正廳之後中建大亭其制四

『선화봉사고려도경』에 나타난 향림정에 관한 기록. 고려시대 다정의 면모를 알 수 있다.

있어 기대어 앉을 수 있다. 누운 소나무와 괴석에 이끼와 칡덩굴이 어우러져 있는데, 바람이 불면 서늘하여 더위를 느낄 수 없다. 정사와 부사는 여유가 있는 날, 언제나 (향림정에서) 상절의 관속들과 차를 마시고 바둑을 두며 종일 담소를 나눈다. 이는 마음과 눈을 유쾌하게 하고 무더위를 물리치는 방편이었다.

香林亭在詔書殿之北 自樂賓亭後 有路登山 去館可百步當半山之背而之. … 八面施欄楯可以據坐 偃松怪石女蘿葛蔓相互映帶 風至蕭然不覺有暑氣 使副暇日 每與上節官屬烹茶抨碁於其上 笑談終日 所以快心目而却炎蒸也.

서긍이 고려에 사신으로 온 해는 선화 5년(1123)이다. 그가 언급한 향림정은 소나무와 괴석을 잘 배치한 다정茶亭으로, 산 중턱에 있었다. 그러므로 풍광이 아름답고 서늘하여 더위를 느끼지 못할 정도로 쾌적한 공간이었던 듯하다. 이곳에서 사신들은 차를 즐기고 바둑을 두며 담소를 나누었다. 말하자면 심신을 휴식하던 장소였다. 향림정은 다정의 성격을 지닌 부속 건물로 풍광과 바둑, 차를 즐기며 휴식하던 복합문화공간이었던 것이다.

차 상점과 찻집 겸했던 다점

고려시대의 다점茶店은 차를 팔던 장소요 휴식의 공간이었다. 『고려사절요』나 임춘林椿(1148~1186)의 〈이유의가 다점에서 낮잠을 자다 [李郞中茶店晝睡]〉에 다점의 모습이 그려져 있다. 한편 『고려사절요』 제2권 〈목종선양대왕〉 편에 수록된 다점은 이랬다.

가을 7월에 교(敎)하기를, "요사이 시중 한언공(韓彦恭)의 상소를 보니, 그 소에 '지금 선조(先朝)를 이어 돈을 사용하고 추포(麤布)의 사용을 금지해 시속을 놀라게 하여, 나라의 이익은 되지 못하고 한갓 백성들의 원망만 일으키게 됩니다'라고 하였다. 다점(茶店) 주점(酒店) 등 여러 상점에서 물건을 매매할 때는 그전대로 돈을 사용하고, 그 외에 백성들이 사사로이 물건을 매매할 때는 그 지방의 편의에 따라 하도록 맡겨 두도록 한다" 하였다.

秋七月 敎日 近覽侍中韓彦恭上疏 言今繼先朝而使錢 禁用麤布 以駭俗 未逾邦家之利益 徒興民庶之怨嗟 其茶酒諸店 交易依前使錢外 百姓等 私相交易任用土宜.

이 글은 목종穆宗(재위 998~1009) 때인 임인 5년(1002) 가을 7월에 내린 교서 중의 일부이다. 물류를 유통할 때 돈을 사용하고 추포麤布(거친 베) 사용을 중지시켜 달라는 요청에 따른 조치이다. 그런데 "다점茶店 주점酒店 등 여러 상점에서 물건을 매매할 때는 그전대로 돈을 사용하라"는 내용이다. 여기 나오는 다점茶店은 차를 매매하는 곳이다. 그러므로 다점은 차를 파는 상점이지만 때론 차를 마시며 휴식하는 장소이기도 했다. 임춘의 〈이유의가 다점에서 낮잠을 자다〉는 다점이 휴식 공간을 겸하고 있었음을 확인할 수 있는 자료이다. 그 내용을 살펴보자.

나른한 몸 평상에 누워 문득 형체를 잊었더니	頹然臥榻便忘形
한낮 베개 위로 바람 불자 절로 잠이 깨누나	午枕風來睡自醒
꿈속에서도 이 몸은 머물 곳이 없었어라	夢裏此身無處着

하늘과 땅이란 온통 하나의 쉬어가는 역이런가	乾坤都是一長亭
빈 다락에서 꿈을 깨보니 막 해가 저무는데	虛樓夢罷正高春
흐릿한 눈으로 먼 산봉우리를 바라보누나	兩眼空濛看遠峯
누가 알리, 은거한 사람의 한가한 멋을	誰識幽人閑氣味
한바탕 봄잠이 천종(千鍾) 봉록과 맞먹으리니	一軒春睡敵千鍾

윗글은 임춘의 『서하집西河集』에 수록된 시로, 그 제목은 〈이유의가 다점에서 낮잠을 자다[李郞中茶店晝睡]〉이다. 이 시가 『동문선』에는 〈다점에서 낮잠을 자다[茶店晝睡]〉라는 제목으로 소개되었다. 이유의는 임춘과 교유했던 인물로 낭중 벼슬을 지냈는데, 그가 다점茶店에서 낮잠을 즐긴 정황을 읊은 것이다. 임춘은 "나른한 몸 평상에 누워 형체를 잊었다"라고 한 사실에서 다점이 휴식도 가능했던 공간이었음을 알 수 있다. 그러므로 다점은 세상의 모든 근심을 덜어낼 수 있는 공간으로, 은거하는 사람의 한가한 멋을 만끽할 수 있던 장소였던 셈이다. 당시 다점에서 술과 차를 함께 즐겼는지는 자세하지 않더라도 주점酒店이 별도로 언급된 것에서 차를 파는 곳과 술을 파는 공간이 서로 달랐던 것이 아닌가 생각한다. 결국 다점은 차를 사고파는 상점으로, 휴식을 취할 수 있는 문화 공간이었던 것이다.

유곽으로 변해가는 일본의 다점

비록 17세기의 기록이긴 해도 황호(1604~1656)가 일본으로 사신을 갔을 때 보고 느낀 것을 기록한 『동사록東槎錄』에서는 일본의 다점을 이렇게 언급하였다.

강릉 선교장 활래정, 근현대기의 다정

초경(初更)에 평방(平方)에 다다르니, 평방은 곧 하내(河內)의 소속인데, 관백이 왕래할 때 차 마시는 곳이었다. … 평방의 옛 이름은 다점(茶店)이다. 집집마다 강 언덕에 누각을 세웠으니, 이른바 청루대제(靑樓大堤)다. 창가(娼家)의 젊은 여자들이 두셋씩 떼를 지어 누각 위에 서서 부채로 사람을 불러 차 마시기를 청한다.

初更時到平方 平方卽河內所屬 而關白往來時茶屋也. … 平方舊名茶店 家家起樓於江岸 所謂靑樓大堤也. 娼家少婦 二三爲羣 立於樓上 以扇招呼 請入進茶.

황호가 경험한 일본의 다점은 고려시대 다점과는 다른 형태로, 유곽처럼 운영되고 있었다는 점이다. 일본도 차 문화 도입 초기에는 고려와 비슷하게 다점을 운영했을 것으로 추정되지만 점차 다점의 운영에 변화가 있었던 것으로 보인다.

05

고려인이 만난 송나라의 기이한 차들

고려시대 차문화의 융성은 좋은 차를 생산할 인력 및 찻그릇의 생산 기반이 갖춰진 것 외에도 관료 문인들의 차 애호에서 기인한 것이다. 특히 문인들은 차를 즐긴 여운을 문학적으로 승화시켜 차문화의 토양을 한층 풍성하게 만든 자양분을 공급하였다. 다른 한편으로 구법승들이 중국을 왕래하며 당송의 발전된 차문화 흐름을 소개함으로써 고려의 차문화는 송나라와 대등한 수준을 구가하게 된 것이다. 그뿐만이 아니다. 송 황실이 보낸 황제용 어차御茶는 고려 차의 품질이 더욱 고급화되고 정밀해질 수 있는 자극제가 되었다. 이에 따라 고려시대 차문화는 송이 향유했던 새로운 음다 문화를 구가하며 융성한 차문화를 실현했다.

송나라 황제가 보낸 용봉단차의 위용

고려 차의 향상에 자극제가 되었던 용봉단차는 11세기 송 황제가 고려 왕실에 보낸 최고품의 차였다. 이런 사실은 『고려사』〈세가〉에서 확인할 수 있다. 그 내용은 이렇다.

> 문종 32년 6월 정묘에 태자를 순천관에 보내 송나라 사신을 인도하여 오게 하였다. … 따로 보낸 용봉차가 10근인데, 한 근씩 금으로 도금한 은죽절합자에 넣어 명금오채로 장식하고 요화판 붉은색 칠을 한 갑에 담아 붉은 꽃무늬비단 겹보로 각각 쌌는데, 용차가 5근이고 봉차가 5근이었다.
>
> 文宗 32年 六月丁卯 命太子詣順天館導宋使. … 別賜龍鳳茶一十斤 每斤用金鍍銀竹節 合子 明金五綵 裝腰花板朱漆匣盛 紅花羅夾帕複 龍五斤 鳳五斤.

이 기록에 따르면, 문종 32년(1078)에 송 황제가 고려 왕실에 용차 5근 봉차 5근을 보냈다. 용봉차는 흔히 용봉단차라 부른다. 용단은 황제용 차이며 봉단은 왕자, 공주 등 귀족용 차이다. 용봉차는 연차研茶의 일종이다. 북송 때 정위丁謂(966~1037)가 대용봉단大龍鳳團을 만들어 황제에게 올린 후, 복건전운사福建轉運使였던 채양蔡襄(1012~1067)이 소용봉단을 만들어 명차의 대명사가 되었을 뿐 아니라 건안 지역이 최고의 명차 산지로 부상된 것도 이 무렵이다.

한편, 제다의 원리에 밝아 차를 관리하는 관직에 올랐던 정위와 채양은 대소 용봉차를 만들어 높은 지위를 올랐고, 세상에 용봉단이라는 명차를 유행시켰다. 당시 용봉단에 대한 문인들의 흠모가 어느 정

天龍
銷
圖

대용단차

도였는지는 구양수歐陽脩(1007~1072)의『귀전록歸田錄』에서 확인된다.

차의 품질은 용봉보다 귀한 것이 없다. 이를 단차라 부른다. 무릇 8병
이 한 근이다. 경력(송 인종, 1041~1048) 때, 채군모가 처음으로 소편 용
차를 만들어 올렸는데 그 품질이 정밀하고 뛰어나 소단이라 하였다.
무릇 20병이 1근이며 그 값은 금 2냥에 해당한다. 그러나 금은 얻을 수
있지만 차는 얻을 수가 없다. 매번 남교에 재를 올림에 따라 중서(中書)
와 추밀원에 각 1병을 하사하시니 네 사람이 나눴다. 궁인이 금으로 용
봉을 화려하게 오려 차를 장식했으니 대개 그 귀하고 중함이 이와 같다.
茶之品 莫貴於龍鳳 謂之團茶 凡八餅重一斤 慶曆中蔡君謨 始造小片龍
茶以進 其品絕精謂之小團 凡二十餅重一斤 其價値金二兩 然 金可有而
茶不可得 每因南郊致齋 中書樞密院各賜一餅 四人分之 宮人翦金為龍
鳳花貼其上 蓋其貴重如此.

정위가 대용봉차, 채양이 소용봉차 개발

구양수가 언급한 단차는 바로 소용봉단을 말한 것이다. 정위가 대
용봉단차를 만든 이후로, 이는 세상에 나온 차 중에 가장 진귀한 차
였다. 11세기의 대용봉단차는 연차硏茶이다. 당시로서는 가장 정밀한
제다법으로 만든 차로 제다의 신기원을 열었다. 용봉단의 제다 공정
을 살펴보면, 시루에서 찐 차 싹을 절구에 찧어 낸 후, 다시 연硏에 넣
고 갈아서 미세한 가루로 만든 다음, 이를 뭉쳐서 틀에서 찍어낸다.
용단이란 바로 용의 문양이 찍힌 차로 황제용 차를 의미한다. 봉단는
봉황 무늬를 넣었으며, 이는 황실 귀족용 차를 의미한다. 대용봉단차

의 단위는 근으로 표기했는데, 단차 8덩이를 한 근이라 하였다. 대용봉단을 진상한 정위는 황제에게 후한 상을 받았다.

대용봉단차가 나온 후 더욱더 정밀해진 것이 소용단차이다. 이 차는 송 인종 때(1041~1048) 채군모(채양의 자)가 소편의 용차를 만들어 이를 소용단이라 하였다. 이 차의 단위는 한 근이 20덩이다. 차의 품질이 어찌나 섬세하고 뛰어났던지, 세상에서 소용단과 견줄 수 있는 차는 없다고 평가할 정도로 귀한 최상의 황제용 차였다. 이에 구양수는 '소용단 1근은 금 2냥에 해당될 정도로 값이 비싼 차지만, 돈이 있다고 해서 구할 수 있는 차가 아니다'라고 하였다. 당시 소용단이 얼마나 귀한 차였는지를 알 수 있다. 그는 또 "매번 남교에 재를 올림에 따라 중서와 추밀원에 각 1병을 하사하시니 네 사람이 나눴다. 궁인이 금으로 용봉을 화려하게 오려 차 위에 장식했다"고도 했다. 소용단 한 덩이를 네 사람으로 나눴으니 이 차를 받은 신하는 황제의 신임을 인정한 증표를 받았다고 생각했던 것은 아닐까. 한마디로 황제에게 소용단차를 하사받은 것은 가문의 영광으로 여겼을 것이니 하사 받은 차를 감히 마실 수는 없었으리라.

11세기에 중국과 고려 모두 최고급 단차 제다법 완성

이처럼 귀한 용봉단차를 고려 왕실에 보낸 황제는 신종神宗이었다. 당시 고려 문종에게 용차 100덩이(5근)와 봉차 100덩이(5근)를 보냈는데, 용봉차는 20덩이가 1근이었다. 그뿐 아니라 송 희령熙寧(신종의 연호, 1068~1077) 연간은 새로운 제다법製茶法으로 만든 고급 차들이 세상에 알려진 시기이다. 예컨대 희령 연간 이후에 처음으로 밀운용이 황실에 공납되었다. 밀운용은 소용단보다 훨씬 섬세하고 진귀한 차이며, 두강 같은 진품이 출현했던 시기도 신종 연간이다. 그러므로 중국 차 문화사에서 11세기는 가장 격조 있는 차품이 출현했던 시기이다. 고려에서는 11세기경 뇌원차腦原茶, 대차大茶 등이 생산되었다. 대차는 단차 종류로 추정되며 뇌원차가 소용봉단 종류로 추정된다.

황제인 휘종이 고려에 보낸 차 선물

송나라에서 고려 왕실에 용봉단을 보낸 사례는 여러 차례 눈에 띈다. 우선 예종 12년(1117)에 송 황실에서 차를 보낸 사실이 있는데, 『고려사절요』에 "송 황제가 계향어주와 용봉명단을 보냈다[宋帝所賜 桂香御酒龍鳳茗團]"라고 하였다. 당시 차를 보낸 황제는 휘종徽宗(1082~1135)으로, 북송의 마지막 황제였다. 차에 깊은 심미안을 가진 그는 백차白茶를 선호했다. 휘종은 백차의 전성시대를 연 황제이자 차를 예술로 승화시킨 차 애호가였다. 깊이 있는 차의 감식안은 육우의 아취를 이어 흑백의 조화를 통한 최선의 예술 세계를 구현하였다. 중국 차 문화사에서 육우와 쌍벽을 이룬 인물로 휘종을 거론하는 이유가 여기에 있다.

휘종이 고려 왕실에 최고품 차를 보내 국가 간의 우의를 다졌는데, 이는 서긍徐兢(1091~1153)의 『선화봉사고려도경』에서도 확인된다. 당시 서긍은 '제할인선예물관'으로 고려의 개경을 방문하였다. 송으로 귀국한 후, 그간의 경과와 고려의 전반적인 정황을 서술하여 휘종에게 올렸다. 그가 휘종에게 올린 사행使行 보고서가 『선화봉사고려도경』이다. 속칭 『고려도경』이라고도 하는 이 문헌은 고려의 문화, 풍습, 궁중, 전각, 관료, 사찰, 승려 등 전반적인 고려의 실상을 기록한 것이다.

그가 고려에 사신으로 파견된 것은 고려 인종 때이다. 당시 북송은 북쪽으로 요와 금에게 위협을 받았고 서남쪽으로는 서하西夏가 위협하는 상황이었다. 그러므로 휘종은 고려의 외교적 지원이 필요했다. 정화 연간(1111~1117)에 고려를 요와 대등하게 국신國信 수준으로 높였고 고려의 유학생을 적극적으로 받아들이는 정책을 폈던 연유도 이와 관련이 깊다.

사신들도 기이한 중국차 고려에 소개

12세기 고려 왕실에서 행해진 음다 풍속을 살펴볼 수 있는『고려도경』의 〈관사館舍〉에 "정사는 여유가 있는 날에는 늘 그곳(향림정)에서 상절 관속들과 차를 마시고 바둑을 두며 종일 담소를 나눴다. 이는 마음과 눈을 유쾌하게 하며 더위를 물리치는 방편이었다"라고 하였다. 당시 사신들과 고려의 관속들은 서로의 우의를 다지는 방편으로 차를 즐겼다는 것을 알 수 있다. 한편 고려 관속들에게는 사신을 통해 송나라의 전반적인 문화 수준을 엿볼 수 있는 기회가 있다. 바로 송나라 사신이 베푼 연회였다. 이는『고려도경』〈관회館會〉에서 확인된다.

> 사방에 보배로운 기물[寶玩], 골동 그릇[古器], 법서(法書), 이름난 그림 [名畵], 기인한 향[異香], 기인한 차[奇茗]를 늘어놓았는데, 아름다움 모양과 진귀함이 눈길을 끌어 고려인 중에는 경탄하지 않는 사람이 없었

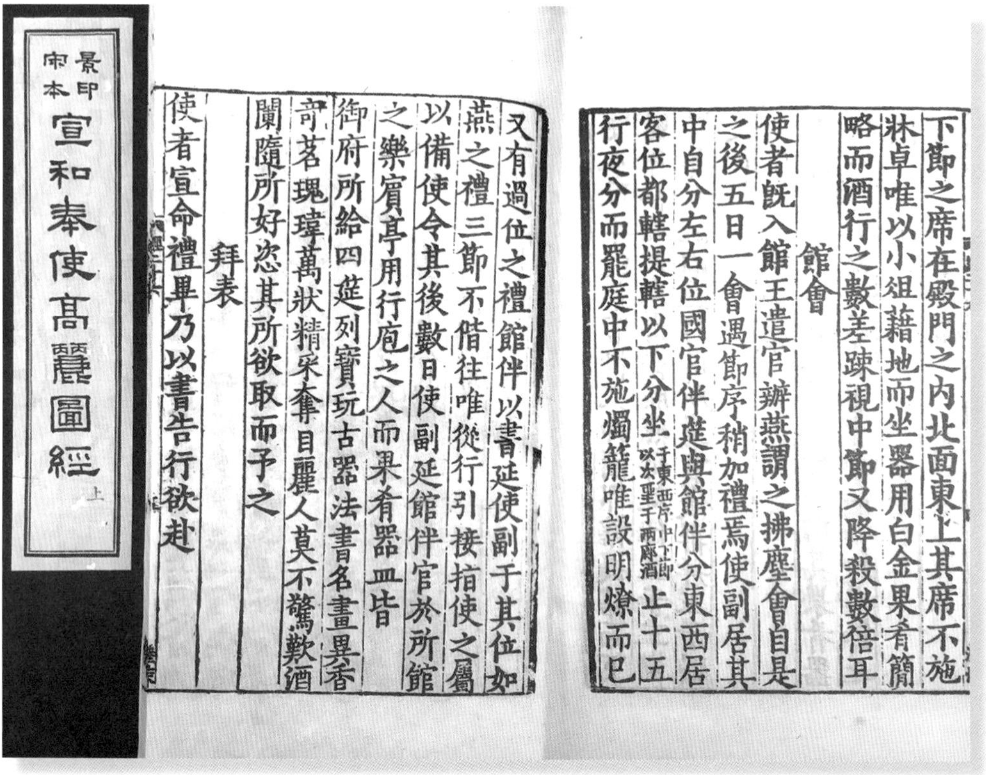
景印宋本
宣和奉使高麗圖經 上

下節之席在殿門之內北面東上其席不施
牀卓唯以小俎藉地而坐器用白金果肴簡
略而酒行之數差踈視中節又降殺數倍耳

館會

使者既入館王遣官辦燕謂之拂塵會自是
之後五日一會遇節序稍加禮焉使副居其
中自分左右位國官伴筵與館伴分東西居
客位都轄提轄以下分坐于東西序中下節以次坐于兩廊酒止十五
行夜分而罷庭中不施燭籠唯設明燎而已

又有過位之禮館伴以書延使副于其位如
燕之禮三節不偕往唯從行引接指使之屬
以備使令其後數日使副延館伴官於所館
之樂賓亭用行庖之人而果肴器皿皆
御府所給四筵列寶玩古器法書名畫異香
奇茗瓌瑋萬狀精采奪目麗人莫不驚歎酒
闌隨所好恣其所欲取而予之

拜表

使者宣命禮畢乃以書告行欲赴

서긍의 『고려도경』 관회 부분. 여기에서 사신과 고려 관속들이 차로 우의를 즐겼음을 알 수 있다.

다. 술자리가 무르익을 때, 좋아하는 것들을 원하는 대로 집어주었다.

列寶玩古器法書名畵異香奇茗 瑰瑋萬狀精采 奪目麗人莫不驚歎 酒闌
隨所好惢 其所欲取而予之.

이 기록에 따르면, 관사에서 연회를 열 때 사신을 접대하는 관반이
서신을 보내 송나라 정사와 부사를 초청하여 대접하였다고 한다. 낙
빈정에 초청된 중국 사신들은 송나라에서 가져온 기물들을 늘어놓고
연회를 베풀었다. 당시 송나라 사신들이 북송에서 가져온 기이한 차
는 고려 관속의 관심을 이끌기에 충분하였다. 이처럼 고려 관속들의
신문물에 대한 호기심, 즉 송나라 차에 관한 관심이 높았다. 사신들이
베푼 연회는 이런 기이한 차들에 대한 신정보를 얻을 수 있는 창구였
으니 고려인의 차에 대한 열정은 고려차를 발전시킨 동력이었다.

06

가혹했던 고려시대의 차 세금

차세茶稅는 토공土貢세로 부과되었다. 바로 특산물이 나는 지역에 부과하는 세금으로, 지역마다 토공 물품이 달랐다. 차세는 고려시대부터 있었다고 하지만 실제 언제부터 시행되었는지는 확인할 자료가 부족하다.

고려시대의 차세 납부 지역

차세는 대개 차의 산지에 부과되었다. 대략 토공 차세를 낸 지역은 전라도와 경상도 일원에 분포되어 있다. 이는 『세종실록지리지』의 토공조土貢條에 수록된 것으로 고려시대 토공 차세 부과 지역을 짐작하게 한다.

고려 후기 과중한 차세로 인한 백성의 고통은 컸던 듯하다. 이런 폐단을 지적한 글이 이규보의 〈손한장이 다시 화답하기에 차운하여 보내다[孫翰長復和次韻寄之]〉이다. 무신정권기에 차세로 인한 백성의 어려움을 토로한 것으로, 한림원의 원장으로 부임하는 손득지孫得之에게 차세의 부당함을 시정해주길 당부하였다. 그는 손득지가 진양의 부기簿記로 있을 때 진양까지 찾아갔다는 점에서 깊은 속내를 말할 수 있는 벗이라 생각한다. 그가 찾았다는 진양은 진주의 옛 지명으로 차의 명산지였다. 손득지는 이규보를 위해 화계를 유람하였는데, 이는 차를 좋아하는 벗을 위한 배려였다고 할 수 있다. 이런 벗 손득지가 사명司命(임금의 말이나 명령을 관장하는 관청)을 관장하는 높은 관직에 올랐으니 조언과 축하를 담은 창수唱酬시를 거듭하여 보냈다.

이규보, 차벗 손득지에게 부탁하다

이런 뜻에서 〈손한장이 다시 화답하기에 차운하여 보내다[孫翰長復和次韻寄之]〉도 지어졌다. 그 내용은 아래와 같다.

옛날부터 지금까지 수많은 문장가가	古今作者雲紛紛
초목을 품제(品題)하여 호탕한 기개 발휘했네	調戲草木騁豪氣
장구(章句)를 마탁하여 스스로 기이함을 자랑했는데	磨章琢句自謂奇
사람들의 읊조림은 각각 다르구나	到人牙頰甘苦異
장원의 시 홀로 뛰어났으니	壯元詩獨窮芳腴
아름다운 문장 뉘라서 찬탄하지 않으리	美如熊掌誰不嗜
임금님이 구중궁궐에 불러들여	玉皇召入蓬萊宮
은대의 요직(要職)에 등용하였네	揮毫吮墨銀臺裏

청자 연꽃잎무늬 완(국립중앙박물관 소장)

그대의 재주는 낙락한 천길 소나무이니	君材落落千丈松
불초한 이 몸은 칡덩굴 같네	攀附如吾類縈纆

　이규보를 능가할 문장가가 뉘일까. 대문장가 이규보는 장원한 손득지의 문장을 "장원의 시 홀로 뛰어났으니[壯元詩獨窮芳脉] / 아름다운 문장 뉘라서 찬탄하지 않으리[美如熊掌誰不嗜]"라고 극찬했다. 아울러 문장에 능했던 손득지이므로 임금께서 은대 요직인 한림원의 원장으로 부르셨다고 했다. 그가 사람은 누구나 "장구章句를 마탁하여 스스로 기이함을 자랑했는데[磨章琢句自謂奇] / 사람들의 읊조림은 각각 다르다[到人牙頰甘苦異]"라고 한 것은 손득지와 자신을 비유한 것으로, 손득지는 소나무요 자신은 칡덩굴처럼 하찮은 존재라 하였다. 이것은 상대를 높이고 자신을 낮추는 겸양을 드러낸 것이다.

'유차'는 이규보가 작명한 차 이름

　이규보가 '유차孺茶'라는 차 이름을 지었던 내력은 운봉의 규 선사와 관련이 있다. 이와 관련된 내용을 이규보는 이렇게 노래했다.

우연히 유차의 시를 지었는데	率然著出孺茶詩
그대에게 전해짐을 어이 뜻했으리	豈意流傳到吾子
시를 보자 화계 놀이 홀연히 추억되구려	見之忽憶花溪遊
옛일 생각하니 서럽게 눈물이 나네	懷舊悽然爲酸鼻
운봉차를 품평한 구절엔 향취가 없는데	品此雲峯未嗅香
남방에서 마시던 맛 완연히 느껴지네	宛如南國曾嘗味

이규보가 "우연히 유차의 시를 지었는데[率然著出孺茶詩]"라고 하였다. 바로 "운봉에 사는 규 선사가 조아차를 얻어 자신에게 보여주기에 유차孺茶라고 이름을 붙였고, 시를 청하기에 지어주다[雲峯住老珪禪師 得早芽茶示之 子目爲孺茶 師請詩爲賦之]"라고 하였다. 조아차는 가장 먼저 딴 차 싹으로 만든 최고급 차일 터다. 그가 조아차를 유차라 명명한 것은 바로 차 맛이 젖비린내 나는 여린 차라는 뜻을 담은 것이다. 유차에 관련해서는 손득지가 이미 알고 있었던 듯하다. 이런 사연을 담은 손득지의 화운 시를 읽은 이규보는 손득지와 함께 화계를 유람했던 시절을 이렇게 노래했다.

따라서 화계에서 차 따던 일 논하였으니	因論花溪採茶時
관에서 감독하여 노약(老弱)도 징발하네	官督家丁無老稚
험준한 산중에서 간신히 따 모아	瘴嶺千重眩手收
머나먼 서울에 등짐 져 날랐네	玉京萬里頳肩致
이는 백성의 애끓는 고혈이니	此是蒼生膏與肉
수많은 사람의 피땀으로 바야흐로 이르렀네	臠割萬人方得至

이규보가 전하는 고려 후기 차세와 차농의 현실

이규보가 우려한 것은 바로 노약자까지 징발하여 차를 따야 했던 폐단이다. 험준한 산속을 헤매며 차를 따야 했던 노약자의 고통은 감내하기 어려운 일이었으리라. 더구나 차를 등짐에 지고 개경까지 날라야 했던 백성의 어려움을 토로했다. 이런 상황이므로 벗 손득지가 임금의 언로를 출납하는 관리로 임명되었으니 백성의 이런 고충을 알고 임금에게 아뢰어 선정을 베풀기를 바란다는 뜻이다.

무신정권기의 차문화는 사치와 화려함이 극을 이루었다. 승가에서도 임금의 행차를 위해 앞을 다퉈 다정을 설치하고 고급 차를 올렸다. 그러므로 차를 만드는 백성의 노고는 상대적으로 더 클 수밖에 없었다. 이규보가 차는 "백성의 애끓는 고혈이니 / 수많은 사람의 피땀으로 바야흐로 이르렀다"라고 한 것은 이를 두고 한 말이다.

차는 사람 몸과 마음의 불평을 씻어주는 영초靈草였다. 그러나 이런 차를 얻기 위해서는 수많은 공정을 거쳐야 하는데, 차를 만드는 공정마다 백성의 노고가 요구된다. 더구나 고려 후기에 유행했던 단차團茶나 백차白茶는 수많은 공력이 소모되어야 비로소 만들어지는 극품의 차였다.

"내 시의 은밀한 뜻 부디 기억하게나"

이규보도 차를 극히 좋아했던 관료 문인이다. 그러나 차세로 인한 백성의 고통을 짐작했기에 아래와 같은 장탄식을 토로하였다.

어이 차 달여 부질없이 물 허비할쏜가	安用煎茶空費水
일천 가지 망가뜨려 한 모금 차 마련했으니	破却千枝供一啜
이 이치 생각한다면 참으로 어이없구려	細思此理眞害耳
그대 다른 날 간원에 들어가거든	知君異日到諫垣
내 시의 은밀한 뜻 부디 기억하게나	記我詩中微有旨
산림과 들판 불살라 차의 공납 금지한다면	焚山燎野禁稅茶
남녀 백성들 편히 쉼이 이로부터 시작되리	唱作南民息肩始

청자찻잔(靑磁陽刻蓮瓣文茶盞, 국립중앙박물관 소장)

이규보도 말한 것처럼 차 한 잔은 실로 "일천 가지 망가뜨려야 겨우 한 모금 마련[破却千枝供一啜]"할 수 있다. 차 한 잔은 차나무를 기른 천지의 기운과 차를 만드는 사람의 공력에 의해 완성된다. 차 한 잔이 우리 앞에 놓이기까지 수많은 인연사가 연결되어 있는 것이다.

　　그러므로 이규보는 "그대 다른 날 간원에 들어가거든 / 내 시의 은밀한 뜻 부디 기억하게나"라고 하였던 것이다. 그가 진정 원했던 건 바로 어진 정치였다. 어진 정치는 백성에게 부과된 차세의 고통을 덜어낼 유일한 방법이라 생각했던 건 아닐까. 그러므로 차를 좋아했던 그도 "산림과 들판 불살라 차의 공납 금지한다면 / 남녘 백성들 편히 쉼이 이로부터 시작되리"라고 노래했다.

　　실제 손득지가 한림원의 원장이 되어 이규보의 뜻을 헤아렸는지는 알 수 없지만, 이런 충언을 주고받았던 이들의 깊은 우정은 〈한장翰長 손득지孫得之가 화답 시를 보내왔기에, 다시 위의 운에 차하다[孫翰長 得之見和 復次前韻]〉에서 "평생의 교분 변치 않기로 기약하였고[始終交契 期膠漆] / 선후의 공명 자연의 운명에 맡겼노라[先後功名任杏梅]"라고 노래했다. 더구나 이들의 포부는 "바다 같음을 일찍이 알았지만[夙識脩 鱗橫海大] / 이 세상이 술잔보다 좁은 것을 어이하리[其如魯國小於杯]"라고 읊었다. 바다와 술잔을 대비한 은유적인 조어 능력이 돋보이는 대목이다.

07

차는 고려시대 최고의 예물

차는 심신의 불평不平을 조절해준다. 그러므로 차는 참 향기를 잃지 않으려는 사람들이 나누는 귀한 정신 음료이다. 차는 병을 치료하는 약이기도 하고 사람에게 위안을 주었다. 고려시대에도 이런 차 문화의 이해가 있었기에 차를 가장 성의 있는 선물로 여겼다. 특히 새벽의 청량감을 차를 통해 공유하고자 했다.

상대의 몸과 마음 동시 배려한 선물

차의 이로움을 즐기고자 했던 사례는 대각국사大覺國師(1055~1101)의 〈화인사차和人謝茶〉에서 확인된다. 선가의 차가 어떤 진미를 담고 있는지를 살펴보자.

제1장 고려의 독특한 차 문화와 제도들 **75**

이슬 내린 봄 동산에서 무얼 할까나	露苑春峰底事求
달빛 머문 물 길어다가 차 달여 세상 근심 씻으리	煮花烹月洗塵愁
몸 가뿐하여 삼통에 노니는 것보다 낫고	身輕不後遊三通
뼛골이 상쾌하여 갑자기 가을로 들어온 듯하여라	骨爽俄驚入九秋
선차(仙茶)라서 산사에 더 어울리고	仙更更宜鐘梵上
맑은 차향은 술과 시만 허락하네	清香偏許酒詩流
단약을 먹고 오래 산 이 누구던가	靈丹誰見長生驗
그 연유를 불문에 묻지 마오	休向崐臺問事由

윗글은 『대각국사문집』 권18에 수록된 다시茶詩이다. "이슬 내린 봄 동산에서 무얼 할까나 / 달빛 머문 물 길어 차 달여 세상 근심 씻으리"라고 한 대목에서 수행승의 초탈한 풍모를 느낄 수 있다. 여기 나오는 '팽월烹月'은 우물물에 비친 달빛을 떠다가 차를 달인다는 뜻이다.

일찍이 이규보李奎報(1168~1241)도 우물에 비친 달빛을 사랑하여 병속에 달빛을 담으려 했던 승려의 이야기는 〈우물 속 달을 읊다詠井中月〉에서 다음과 같이 노래했다.

산승이 달빛을 탐하여	山僧貪月光
병 속에 물과 함께 길어 담았지	瓶汲一壺中
절에 다다르면 바야흐로 깨달으리라	到寺方應覺
병 기울이면 달빛 또한 텅 비었다는 것을	瓶傾月亦空

산에서 수행하는 어느 스님이 샘물에 비친 달빛이 얼마나 아름다

웠던지 병 속에 가득 담아 왔다. 그런데 절에 이르러 병 속에 담아온 달빛을 쏟아보아도 휘황한 달빛은 사라지고 물만 남았다. 이는 불교의 공과 색을 노래한 것으로 이규보의 불교에 대한 깊은 이해를 드러낸 것이라 하겠다.

승려와 문인들의 차 선물 풍속

고려시대 관료 문인 중에는 귀한 차를 구하면 자신과 교유하는 승려에게 선물로 보낸 사례가 많았다. 12세기 문인 임춘林椿(1148~1186)도 〈겸 스님에게 차를 부치다[寄茶餉謙上人]〉에서 귀한 차를 얻어 스님에게 보냈다는 사실을 이렇게 말했다.

근래 몽산차 한 줌을 얻었는데	近得蒙山一掬春
백니에 붉은 도장 찍힌 차는 색향이 싱그럽구려	白泥赤印色香新
증심당 노인은 명품 차를 아시기에	澄心堂老知名品
더욱더 진귀한 자순차를 보낸다오	寄與尤奇紫筍珍

그와 겸 스님은 서로 뜻을 나누는 사이였다. 그가 겸 스님에게 보낸 시는 두어 편이 더 전해진다. 겸 스님이 어떤 수행자인지는 〈희서겸상인방장戲書謙上人方丈〉에 드러나는데, 바로 "겸공은 총림에서도 으뜸[謙公俊逸叢林秀]"이라고 하였다. 아울러 겸 스님의 수행 경지를 "공空이니 유有니 말하지 않지만[不復談空還說有] / 미친 늙은이 방거사가[自知龐蘊一狂叟] / 왕왕 참선하러 와서 머리를 조아린다[往往參禪來稽首]"고 하였다. 이러한 겸 스님에 대한 평가를 통해 겸 스님이 불교

계의 방장이자 수행이 깊고 높은 노장老丈이었다는 것을 알 수 있다. 그러므로 그는 겸 스님에게 송나라에서도 유명했던 몽정차를 보냈던 것이다. 몽정차는 황실용 어원에서 생산된 명차로, 송대宋代에 몽정차의 우수성이 세상에 알려졌다. 특히 몽정산에 황실용 어원御苑을 만들면서 세상에서 가장 귀한 차로 부상되었다. 이처럼 귀중한 차였기에 백니白泥에 붉은 도장을 찍어 포장했던 것이다. 몽정차의 싱그러운 맛과 향기, 색은 다른 차와는 비교가 불가한 차로 알려졌다. 그러므로 차 맛을 잘 아는 수행자인 증심당 주인 겸 스님에 보냈던 것이다. 더구나 자순차紫筍茶를 보냈다고 하는데, 자순은 붉은 차 싹으로 만든 차다. 자순차의 명성은 육우로부터 비롯되었다. 그가 안사의 난을 피해 호주에 갔을 때 자순차의 우수성을 인정하여 세상에 알려진 명차名茶이다. 그러므로 자순차는 세상에서 제일 좋은 차를 의미하는 상징성을 내포한다.

고려시대의 대표적 다인茶人이었던 이규보李奎報(1168~1241)도 일암거사 정분이 차를 보내준 것에 감사하는 시를 남겼다. 〈사일암거사정군분기차謝逸庵居士鄭君奮寄茶〉 2수가 그것이다. 그가 '정군분鄭君奮'이라 한 것으로 보아 그에게 차를 보낸 정분은 이규보보다 벼슬이 낮거나 아니면 후학이 아닐까 생각한다. 아무튼 그가 정분에게 보낸 시는 이렇다.

그리운 소식 몇천 리를 날아왔는고	芳信飛來路幾千
하얀 종이 바른 함 붉은 실로 묶었네	粉牋糊櫃絳絲纏
내 늙어 잠 많은 줄 알고서	知子老境偏多睡
화전에 새로 딴 차를 구해주었구려	乞與新芽摘火前

벼슬 높아도 검박하기 더없는 나인데	官峻居卑莫我過
여느 것도 없거든 하물며 선다이랴	本無凡餉況仙茶
해마다 홀로 인인의 덕을 입으니	年年獨荷仁人貺
이제야 이 세상 재상 집 구실하네	始作人間宰相家

이 인용문에 따르면, 정분이 이규보에게 보낸 차는 하얀 종이로 감싼 함에 차를 넣고 붉은 실로 묶었다. 이는 고려시대 차의 포장법을 살펴볼 수 있는 자료라는 점에서 주목된다. 물론 정분과 이규보의 사이는 수천 리나 떨어져 있었기에 귀한 차를 포장하는 방법도 세심한 배려가 있었다. 그가 보낸 차는 화전火前에 딴 여린 싹으로 만든 극품의 차였다. 화전이란 한식寒食 전을 말한다. 대략 4월 5일 이전에 딴 차 싹으로 만든 차라는 것을 알 수 있다.

이규보가 "벼슬 높아도 검박하기 더없는 나인데 / 여느 것도 없거든 하물며 선다이랴"라고 한 대목에서 이 시를 지은 시점을 짐작할 수 있다. 바로 그가 최씨정권 시절, 높은 지위에 올랐던 시기에 쓴 것이 아닌가 여겨진다. 그뿐 아니라 정분이 그에게 여러 해 동안 차를 보냈다는 사실도 "지난해에도 보내 주었다"라고 한 것에서 알 수 있다.

앞에서 언급한 바와 같이 차를 주고받는 일은 아름다운 교유의 미덕이었고 이는 고려시대 차문화 흐름에 드러난 아름다운 풍속이라 할 수 있다.

고려 문인 정포의 걸명시

고려 후기에도 차를 선물하던 풍습은 이어졌다. 당시 문인이 승려에게 차를 구하는 경우도 허다했다. 이런 사실은 정포鄭誧(1309~1345)가 승원의 승려에게 차를 구하는 시에서도 나타난다. 정포는 고려 후기 혼란했던 나라를 바로잡고자 상소를 올렸던 인물로, 이로 인해 파면을 당하는 고초를 겪는 등 그의 벼슬길은 그리 순탄치 않았다. 특히 원나라로 망명하고자 한다는 참소로 인해 울주蔚州로 유배를 당했지만 오히려 활달한 장부의 기질로 호연한 기상을 잃지 않았다고 한다. 37세의 젊은 나이에 세상을 떠났던 그를 이색李穡은 〈설곡시고서雪谷詩藁序〉에서 "맑아도 고고孤高하지 않고, 화려해도 음탕하지 않아, 사기辭氣가 우아하고 심원하여 결코 저속한 글자를 하나도 쓰지 않았다"고 평가하였다. 그가 차를 구했던 승려가 누구인지 알 수 없지만, 그의 걸명시乞茗詩는 이렇게 이어진다.

봄바람 꽃 같은 소년들	春風年少貌如花
다투어 황금을 술집으로 보내네	爭把黃金送酒家
우습다. 서생은 아무런 재주 없어	自笑書生無伎倆
아는 거라곤 스님에게 차를 얻는 일	祇知僧院索芽茶

봄바람 같은 나이는 몇 살 쯤일까. 아마도 18세를 전후한 소년을 말하는 것일까. 이런 나이에도 앞을 다투어 술집에 드나들었다고 하니 고려 후기 어수선한 시대상을 엿볼 수 있는 대목이다. 이런 시절 재주 없는 지식인이 구했던 것도 차였으니 당시 차문화 전반을 주도했던 승려들은 그런대로 풍요로운 차생활을 만끽한 계층이었다.

제2장

고려시대의 다구와 찻물

01

차맷돌과 청자완

　고려시대의 특징적인 다구茶具로 차맷돌[茶磨], 주자(물 주전자), 풍로, 다완, 은 탕관, 철병, 돌솥 등이 있었다. 특히 청자 다완茶碗(찻사발)은 고려인의 감수성과 안목, 예술미, 실용성을 드러낸 찻그릇이다.

『고려도경』에 나타난 고려시대의 다구

　서긍徐兢(1091~1153)의 『선화봉사고려도경』에는 12세기 고려 왕실에서 사용했던 다구가 상세히 서술되어 있다. 〈기명器皿〉 조를 살펴보자.

　근래에는 차 마시기를 제법 좋아하여 차와 관련된 여러 도구를 만든다.

금화오잔(金花烏盞), 비색소구(翡色小甌), 은로탕정(銀爐湯鼎)은 모두 중국 것을 흉내 낸 것들이다. … 관사 안에는 붉은 찻상을 놓고 그 위에 차를 마실 때 쓰는 도구를 진열한 다음 홍사건(紅絲巾)으로 덮어 놓았다.

『고려도경』은 선화 5년(1123)에 서긍이 고려에 사신으로 파견되었을 때, 고려의 다양한 정보를 수집하여 그림과 글로 엮어 휘종에게 올린 사행 보고서다. 여기에 그가 보고 경험한 고려의 찻그릇 이야기를 서술했다. 당시 고려 왕실에서 사용하던 다구로 금화오잔, 비색소구 같은 다완 종류와 물을 끓이는 은으로 만든 화로와 솥, 그리고 찻상과 찻상을 덮는 붉은 천으로 만든 덮개용 보자기 등이다. 그렇다면

당대 월요 청자대 다연

청자 음각 파도물고기 무늬 완, 고려, 높이 4.5cm 입지름 12.7cm, 국립중앙박물관 소장

서긍이 말한 금화오잔은 어떤 찻그릇일까. 이는 중국에서 유행했던 토호잔과 비슷한 검은 색 다완이 고려에서도 생산되었음을 짐작하게 한다. 그리고 그가 언급한 비색소구는 청자 다완을 말한다. 12세기 고려 왕실에서는 청자 다완이나 흑색 다완을 사용하여 흰 거품을 선호한 백차의 예술미를 한껏 드러낸 다구가 유행되었음을 알 수 있다.

화강암으로 만든 차맷돌은 고려 특유의 다구

『고려도경』 외에 고려시대 다구를 언급한 글로 이인로李仁老(1152~1220)의 〈승원의 차맷돌[僧院茶磨]〉과 이규보李奎報(1168~1241)의 〈차맷돌을 준 사람에게 감사하며[謝人贈茶磨]〉 등이 있다. 차맷돌[茶磨]은 미세하고 고운 입자의 가루차를 얻기 위한 도구이다. 다마茶磨는 단차가 나온 후 개발된 다구로, 대개 화강암으로 만든다. 고려 왕실이나 승원에서 청자로 만든 차맷돌을 사용했을 것으로 생각한다. 이런 차맷돌은 연고차를 즐긴 고려시대의 음다 생활에서는 빠질 수 없는 다구였다. 특히 이규보의 〈차맷돌을 준 사람에게 감사하며[謝人贈茶磨]〉는 이런 차맷돌의 소재를 언급하고 있다는 점에서 특히 눈에 띈다.

돌 쪼아 바퀴 하나를 만들었으니	琢石作孤輪
(차맷돌) 돌리는 덴 한쪽 팔만 쓰네	迴旋煩一臂
그대도 차를 마시면서	子豈不茗飮
나에게 보냈는가	投向草堂裏
내가 유독 잠 즐기는 걸 알기에	知我偏嗜眠
내게 보낸 게로구려	所以見寄耳

| 갈수록 향기로운 가루 나오니 | 研出綠香塵 |
| 그대 마음 더욱 고맙구려 | 益感吾子意 |

이규보의 『동국이상국전집』 권14에 수록된 이 시는 고려시대에 차맷돌을 어떤 소재로 만들었는지 규명할 단서이다. "돌 쪼아[琢石]"라는 대목에서 다마는 돌로 만들었음을 알 수 있다. 이규보의 시 내용을 뒷받침하는 출토 유물은 청주 소재 사뇌사지에서 발굴된 차맷돌과 월남사지에서 발굴된 차맷돌이 있다. 두 곳에서 발굴된 차맷돌은 대부분 출토 지역에서 볼 수 있는 화강암으로 만들었다는 점과 사찰에서 사용하던 맷돌이라는 공통점이 있다. 그러므로 고려의 차맷돌은 돌로 만들었는데, 이는 중국이나 일본의 현전하는 차맷돌과는 차이가 있다. 특히 사뇌사지와 월남사지에서 발굴된 차맷돌은 숫맷돌 부분이 오판 화형이며 맷돌의 어깨 부분에 해당되는 부분이 둥근 모양이다. 현재 유물로 전해진 중국이나 일본의 차맷돌은 원통형으로, 검은 돌[烏石]로 만들어졌다는 점에서 고려시대 차맷돌과는 차이가 있다. 이처럼 고려의 차맷돌은 재료나 모양이 중국이나 일본의 차맷돌과는 다른 모양이다. 이를 통해서도 고려는 이미 자국의 문화적 색채를 드러낸 차문화를 형성했던 것이라 하겠다.

한편 고려시대 차맷돌에 대해 이인로도 〈승원다마(僧院茶磨)〉에서 이렇게 말하였다.

차맷돌 천천히 돌아	風輪不管蟻行遲
어처구니(월부) 막 돌기 시작하자	
옥가루가 날리네	月斧初揮玉屑飛

사뇌사지 차 맷돌(국립청주박물관 소장)

法喜從來眞自在
晴天雷吼雪霏霏

법희란 본래 실로 자재한 것
맑은 하늘에 우레 치듯 (차맷돌이) 울리자
흰 눈이 날리는 듯

   승원에서 차를 준비하는 과정을 서술한 것으로 마치 눈앞에서 보
는 듯 묘사했다. 이 글에 따르면 차맷돌이 돌아가면서 내는 굉음이
마치 우레가 치는 듯하고, 차 가루가 맷돌 틈 사이로 떨어지는 광경
은 "흰 눈이 날리는 듯"하다고 하였다. 흰 눈처럼 휘날리는 가루차는
12세기 연고차를 향유하던 시대의 백차白茶를 말한다. 찻잔 가득 흰
거품을 피워내는 차다. 흰 포말은 조금만 시간이 지나도 꺼져버린다.

이는 이승휴李承休(1224~1300)의 〈진 사랑의 고시에 차운하여 올리다〉에서 "만약 그대가 시 읊어 주기를 기다린다면[若奉賢俟哦] / 흰 소금과 솜 같은 차 거품 모두 꺼져버리리[鹽絮皆陳舊]"라고 한 것에서도 알수 있다. 특히 그가 흰 다말茶沫을 흰 소금이나 솜에 비유한 것이 동시대 문인들이 흰 구름이나 하얀 눈이라 표현한 것과는 다르다는 점에서 그의 조어造語 능력을 짐작할 수 있다.

한편 그의 지적처럼 시 읊기를 기다리거나 혹은 다른 일로 차 마시는 일을 지체한다면 부드럽고 향기로운 차의 향미가 사라진다. 예나지금이나 차를 향유하는 사람은 차를 마시는 타이밍과 적합성을 잘알아차리는 것이 중요하다.

쇠로 만든 주전자, 철병

고려시대에 물을 끓이는 주전자의 경우 철로 만든 주전자[鐵瓶]를사용했다. 이는 금속으로 만든 주전자로 주자注子라고도 부른다. 도자기로 만든 주자와 금속 주자가 전해진다. 실제 철병에 대한 언급은이규보의 〈남쪽 사람이 보낸 철병으로 차를 끓여보다〉에서 철병의모양, 용도를 상세히 서술하고 있어 당시 탕병의 형태가 어떠했는지를 엿볼 수 있다. 그의 시 일부를 살펴보자.

센 불이 강한 쇠 녹여 내어	猛火服悍鐵
속을 파 둔하고 단단한 것 만들었네	刳作此頑硬
긴 부리는 학이 돌아보는 듯	喙長鶴仰顧
불룩한 배는 개구리가 벌떡거리는 듯	腹脹蛙怒迸

자루는 뱀 꼬리 굽은 듯	柄似蛇尾曲
모가지는 오리목에 혹이 난 듯	項如鳧頸瘦
입 작은 항아리처럼 우묵하고	窪却小口甄
다리 긴 솥보다 안전하네	安於長脚鼎
내 문원의 재주는 없으나	我無文園才
공연히 문원의 병을 얻었네	徒得文園病
오직 낙노를 부르는 것만 생각하고	唯思喚酪奴
이미 주성에게 중독된 것은 끊었네	已止中酒聖
비록 양자강의 물은 없으나	雖無揚江水
요행히 건계의 차가 있네	幸有建溪茗
사내종을 불러	試呼平頭僕
맑은 우물물 길어와	敲汲寒氷井
벽돌 화로에 손수 (차를) 달이니	塼爐手自煎
밤 누각에 등불 반짝이네	夜閣燈火烱

이 글은 이규보의 문집인 『동국이상국전집』 권3에 실려 있다. 이 시에 따르면 당시의 철병 생김새는 속을 파 텅 비어 있어서 물을 끓일 수 있었다. 특히 주구注口 부분은 마치 학이 돌아보는 듯 굽었고, 손잡이가 뱀 꼬리처럼 굽었다고 한다. 그리고 구연부, 즉 아가리는 입이 작은 항아리 같다고 하니 철병의 모양이 대략 짐작된다.

그가 문원文園을 언급했는데, 이는 사마상여司馬相如(BC 179~117)를 말한다. 그는 부賦를 잘 지어 왕의 총애를 받았던 문장가로, 거문고 연주에 능했다. 임공臨邛의 부호 탁왕손卓王孫의 딸 문군文君이 그의 옥 같이 준수한 외모와 거문고 연주에 매료되었다. 그녀는 부모의 허락

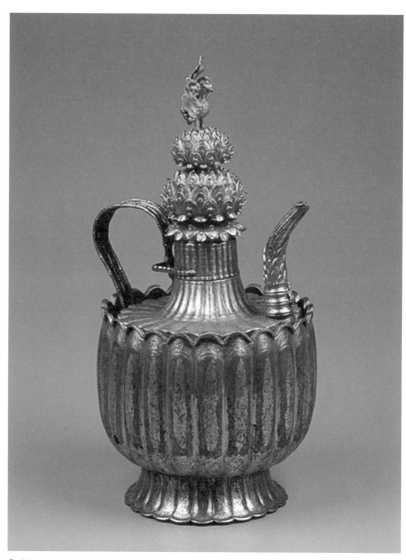

은제 금도금 주자

도 받지 않은 채 사마상여와 야반도주하여 평생을 함께했다고 한다. 글솜씨가 특출했던 그였지만 평소 소갈병을 앓았다. 무제 때 효문원영孝文園令에 임명되었기에 그를 문원이라고 불렀다. 이규보가 "공연히 문원의 병을 얻었네"라고 말한 것은 문원이 소갈병을 앓았기에 조갈증이 있었던 것처럼 그 자신도 소갈병을 앓는 사람처럼 차를 좋아했다는 말이다. 차가 없으면 안 될 만큼 차를 좋아했던 자신의 처지를 에둘러 표현한 것이라 하겠다. 그가 언급한 건계차는 송대의 명차로 어원에서 생산되는 차이다. 송나라의 문장가 매요신梅堯臣(1002~1060)도 〈건계신명建溪新茗〉에서 "남국 그늘진 계곡 따뜻해지니[南国溪陰暖] 이른 봄, 차 싹이 돋았으리[先春發茗芽]"라고 한 명차이다.

02

『고려도경』의 다구들

　고려시대 비색 청자 다완茶碗(찻사발)은 찻그릇의 예술미와 실용성을 두루 갖춘 일품의 차 도구이다. 맑고 은은한 비색 찻사발이 주는 안정감은 맑고 따뜻한 차의 색향미를 잘 보존하기에 알맞다. 이런 극도의 예술미를 갖춘 청자 다구의 완성이란 바로 고려인의 차에 대한 열정과 호기심, 그 시대의 문화적 성숙도를 반영한 것이다.

청자 다완에 투영된 고려인의 취향과 미학

　찻그릇은 그 시대 차문화의 품격을 가늠할 수 있는 척도다. 이런 관점에서 고려시대 다구를 살펴보면, 청자 찻그릇의 형태가 완성되어 가는 과정에서 차를 즐긴 고려인의 취향과 실용성이 반영된 흔적을 발견할 수 있다. 다구茶具(점다용 차 도구)의 쓰임새에서 고려인의 실용성이나 응용력을 발견할 수 있다.

서긍徐兢은『선화봉사고려도경宣和奉使高麗圖經』에서 12세기 고려인
이 사용했던 찻그릇의 종류를 언급하였다. 당시 고려 왕실에서는 탕
호湯壺와 은로탕정銀爐湯鼎, 비색 다완 등을 사용했다고 한다.『고려도
경』〈기명器皿〉중 '다조茶俎'에서 다음과 같이 기록하고 있다.

> 탕호의 모양은 마치 꽃병과 같은데, 조금 납작하다. 위에 뚜껑이 있고
> 아래에는 승반이 있어 따뜻한 기운이 식지 않도록 했는데, 또한 옛날
> 온기(溫器)에 속한다. 고려인은 차를 끓일 때 흔히 이 탕호를 사용한다.
> 전체 높이는 1척 8촌이고 지름은 1척이며, 용량은 2말이다.
> 湯壺之形 如花壺而差扁 上蓋下座 不使泄氣 亦古溫器之屬也 麗人烹茶
> 多設此 通高一尺八寸腹徑一尺 量容二斗.

윗글은 〈기명〉의 일부 내용이다. 탕호는 뜨거운 물을 담는 용기로
용량이 2말이었다고 한다. 12세기경 고려 왕실에서는 연고차(가루차)
를 즐겼다. 그러므로 탕호에 먼저 뜨거운 물을 담아두어야 했고, 뜨
거운 물의 온도가 떨어지는 것을 방지하기 위해 승반承盤을 사용했
다. 이는 가루차를 격불擊拂(다선으로 차를 휘저어 거품을 만듦)할 때, 물의
온도가 낮아지면 다화茶花가 곱고 섬세하게 피어나지 않기 때문이다.
그러므로 승반이 있는 탕호를 이용하여 뜨겁게 끓인 물을 보관하고
이동했다. 원래 승반承盤은 호壺[주자(注子), 혹은 주전자]에 들어 있는 물
질의 온도를 일정하게 유지하기 위해 뜨거운 물을 담아두는 용기이
다. 주자注子(주전자)의 받침에 해당한다.

온기를 다구로 활용한 지혜

서긍은 탕호를 "옛날 온기溫器에 속한다"라고 하였다. 온기溫器는 그릇 속에 들어 있는 음식의 온도를 유지할 수 있도록 만든 그릇이다. 승반이 있는 탕호는 온주溫酒(따뜻하게 먹는 술)를 담는 용기나 혹은 따뜻한 온도를 유지해야 하는 탕류湯類를 담았던 그릇이다. 그런데 12세기 고려인들은 차를 끓일 때 이 탕호를 사용했다는 것이다. 이는 서긍의 증언으로 확인된 셈이다. 탕호를 다구茶具로 응용했던 고려인의 지혜가 엿보이는 부분이다.

탕호의 모양은 꽃병보다 낮고 퍼진 납작한 모양이고, 뚜껑과 승반이 있었다는 것이 서긍의 증언이다. 현재 고려시대 유물 중에 승반이 있는 탕호는 술 주자注子와 차 주자注子로 사용했다. 실제 어떤 것이 술 주자이고 차 주자인지는 분명하게 밝혀지지 않았다.

금화오잔과 비색소구

고려의 다구에 대해 서긍은 〈기명〉의 '다조茶俎'에서 또 이렇게 설명하고 있다.

근래에는 차 마시기를 좋아하여 도구를 잘 만든다. 금화오잔, 비색 작은 다완, 은로탕정은 모두 중국 것을 모방해 만든 것이다. 무릇 연회를 열면 뜰 중앙에서 차를 끓여 은하로 덮어 천천히 걸어와서 내려놓는다. 邇來頗喜飮茶 益治茶具 金花烏盞翡色小甌銀爐湯鼎 竊效中國制度 凡宴則烹於庭中 覆以銀荷徐步而進.

국립중앙박물관이 소장한 청자 주자와 승반(받침)

서긍은 12세기의 고려인들이 송나라의 다구를 모방하여 찻그릇을 만들었다고 하였다. 12세기 즈음이면 고려에서 생산하는 차와 다구들이 이미 중국의 것을 모방하던 과정에서 벗어나 고려의 색채를 띤 시기이다. 특히 다구의 형태 등에 있어서 고려인의 기호와 안목, 풍토성을 함의한 찻그릇이 생산되어 고려의 독특한 찻그릇을 완성했다. 그 구체적인 사례 가운데 하나가 비색 청자로, 이 비색 청자의 맑고 은근함은 고려만의 색감을 담아낸 것이다. 고려의 비색 청자는 맑고 은근한 차의 품성을 담아내는 그릇이자, 비색과 어우러진 담백하고 생기 있는 고려차의 풍미를 돋보이게 하는 찻그릇이다.

그뿐 아니라 고려에서는 북송에서 유행했던 흑유잔도 생산되었다. 구름처럼 하얀 차의 거품이 고스란히 담아낸 그릇이 바로 금화오잔이다. 오잔烏盞은 검은색 찻잔으로 백차를 선호했던 시기에 유행했던 찻그릇이다. 금화오잔은 검은 발색의 찻그릇에 찬란하게 빛나는 꽃이 그려진 찻잔이다. 송대의 토호다잔兎毫茶盞이 넘볼 수 없는 예술미를 드러낸 찻그릇으로 고려인의 상상력과 이상을 고스란히 담은 찻그릇이라 하겠다.

고려차가 쓰고 떫었던 이유

『고려도경』에는 사신을 위한 연회에서 고려에서 만든 차를 대접하는 대목도 등장한다.

　　고려에서 생산하는 차의 맛은 쓰고 떫어서 입에 댈 수가 없다. 오직 중국의 납차나 황실에서 보낸 용봉단차를 귀하게 여긴다. 중국 황실에서 선물로 보낸 차 이외에 상인들도 판다. … (연회에서) 시중드는 사람이 '차를 다 돌렸습니다'라고 말한 뒤에야 차를 마실 수 있었으니 식은 차를 마시지 않은 적이 없다. 관사 안에는 붉은 찻상에 다구를 진열한 다음 붉은 비단으로 만든 상보로 덮는다. 매일 세 차례씩 차를 맛보는데, 이어 탕을 낸다. 고려인은 탕을 약이라고 하는데, 사신들이 탕을 다 마시면 반드시 기뻐하고 혹 다 마시지 않으면 자기를 깔본다고 생각하여 불쾌히 여겨 가버리기 때문에 항상 억지로 마셨다.

土産茶味苦澁不可入口 惟貴中國臘茶并龍鳳賜團 自錫賚之外 商賈亦通販. … 候贊者云茶遍乃得飮 未嘗不飮冷茶矣 館中以紅俎布列茶具於其中 以紅紗巾冪之 日嘗三供茶而繼之以湯 麗人謂湯爲藥 每見使人飮盡必喜 或不能盡以爲慢己 必怏怏而去 故常勉强爲之啜也.

서긍은 고려 차는 맛이 쓰고 떫어서 마실 수가 없었다고 했다. 그렇다면 고려에서 생산된 차는 쓰고 떫다는 것일까. 그가 고려에 사신으로 파견되었다가 돌아간 시기는 선화 5년(1123)으로, 고려 인종 때이다. 당시 고려는 가장 난만한 차문화를 구가하던 시기였다. 고려에서 생산한 뇌원차는 송에서 생산한 용봉단차와도 견줄 수 있는 차였다. 13세기 고려에서 생산하는 차의 품격을 노래한 이규보의 〈시후관에서 쉬면서[憩施厚館]〉에 "차를 달여 맛보니[試嘗一甌銘] 맑고 시원한 차 거품이 내 목으로 넘어가네[氷雪入我喉]"라고 할 정도도 수준이 높았다. 그러므로 12세기 서긍이 왕실에서 대접받은 차는 우수했을 것이다.

그런데도 서긍이 고려에서 생산된 차가 쓰고 떫어서 입에 댈 수 없었다고 말한 연유는 무엇일까. 바로 그가 "식은 차를 마시지 않은 적

이 없었다"고 말한 점에서 힌트를 얻을 수 있다. 이 무렵 고려에서도 백차류를 선호하여 연고차를 마셨다. 연고차의 음다법은 다완에 가루차를 넣고 뜨거운 물을 부은 후 격불하여 다화茶花(차 거품)를 피워내는 탕법으로 점다點茶법을 말한다. 서긍은 식은 차를 마셨기 때문에 쓰고 떫은맛이 난 것이다. 이는 차의 탄닌 성분이 공기와 접하면서 차의 맛이 쓰고 떫게 변했기 때문이다. 서긍이 고려에서 만든 차가 입에 델 수 없었다고 하는 것은 바로 궁중의 의례 절차로 차가 식었기 때문에 일어나는 현상이었던 셈이다. 그러므로 그가 쓰고 떫어서 입에 델 수 없던 것이니 고려에서 생산되는 차의 품질이 낮아서 그런 것은 아니었던 셈이다.

식은 차 뒤에 뜨거운 탕 마셔

그의 증언 중에 주목할 대목은 왕실에서는 사신을 위해 하루 세 차례 차를 올렸고 이어 탕을 낸다고 한 점이다. 고려인은 탕을 약이라고 한다고 했다. 고려 왕실에서는 식은 차를 마실 수밖에 없었던 상황에서 일어날 차의 단점을 보충하기 위해 뜨거운 탕을 낸 것이 아닌가 생각한다. 식은 차를 마신 후 탕을 마시게 함으로써 차의 효능을 극대화할 방안을 모색한 것은 아닌가 생각한다. 이는 고려시대 왕실의 차에 대한 응용력과 지혜를 엿볼 수 있는 대목이다.

그렇다면 탕은 무엇을 말하는 것일까. 끓인 물일까, 아니면 뜨겁게 우린 차일까. 이를 규명할 문헌적 자료를 찾기는 어렵다. 그런데 11세기 북송 경우景祐(인종의 연호, 1034~1938) 연간에 일주日注와 쌍정雙井 같은 산차散茶(잎차)가 출현하였다는 점에서 고려에서도 12세기경에는 산차를 만들었을 것이라 여겨진다. 그러므로 탕이란 뜨겁게 우린 차가 아닐까? 그러므로 약이라 말한 것이 아닌가 생각한다.

03

고려인들의 찻물 사랑

고려시대 문인들의 음다 풍속은 승려와 관련이 깊었다. 승원에서 베푼 명전茗戰 놀이는 차문화를 더욱더 풍요롭게 만든 유희요 사원의 풍류로서 당대의 명사들이 초대되어 서권기書卷氣를 뽐낸 차문화의 현장이었다.

물은 차의 몸이니

차의 일미一味는 승려의 삼매수三昧手에서 드러난다. 좋은 차와 물을 감별할 수 있는 승려들의 안목은 차의 색향기미의 정수를 드러낼 수 있는 노하우다. 특히 차를 우릴 때, 물은 가장 중요한 변수로 작용한다. 그러므로 물은 차의 몸이요 차는 물에 의해 현현된다. 차를 체體라 하고 물은 용用이라 말한 이유는 여기에 있다. 그런데 차의 진수를 드러내려면 차와 물이 완비되었다고 해도 숯불의 강약을 조절하여 물을 끓여야 한다. 이는 좋은 차를 얻기 위해 갖춰야 할 요건이다. 옛사람들은 불을 문무화文武火라고 말했다. 바로 화후火候의 중요성을 언급한 것이다. 그러므로 다도의 첫걸음은 물을 끓이는 일에서 시작된다고 하겠다.

선가의 찻물 끓이는 정취

고려 말, 태고보우太古普愚(1301~1382)가 쓴 〈상당上堂〉은 깊은 밤 질화로에 차 달이는 정경을 노래하면서, 물을 끓이는 상황을 이렇게 읊었다.

남쪽 성곽 아래 집을 빌려	借屋南城下
거하게 취해 취향(醉鄕)에 누웠더니	陶然臥醉鄕
홀연 천자의 조서가 내려왔기에	忽聞天子詔
염불 마치고 빈 항아리 마주하네	祝罷對殘缸
싸늘한 추위 뼈에 사무치고	凜凜寒生骨
싸르락 거리며 눈발이 창을 두드리네	蕭蕭雪打窓
깊은 밤 질화로 숯불에	地爐深夜火
차 끓자 향기가 다관을 뚫고 피어나네	茶熟透餠香

이 시는 태고화상의 문집 『태고화상어록』 권상에 수록되어 있다. 태고의 명名은 보우이고 태고는 그의 법호다. 13세 되던 해 양주 회암사 광지廣智(1102~1158)에게 나아가 삭발염의削髮染衣하였다. 1346년

무쇠탕관에 물을 끓이는 모습

경에 호주 하무산 석옥청공石屋淸珙에게 나아가 법을 받고 이듬해 귀국하여 우리나라 임제종의 초조初祖가 되었다. 공민왕은 용문산 소설암에서 수행하던 그에게 법을 물었다. 그를 왕사로 삼아 구산九山을 통합하여 일종一宗을 만들게 했지만 완수하지 못하고 다시 소설암으로 돌아갔다. 한때 그는 신돈辛旽의 질투로 속리산에 금고禁錮되는 수모를 겪기도 했다.

고려 말 사원에서 차를 향유하던 수행승의 생활은 〈상당〉에서 드러난다. 그의 시에는 당시 선승의 차 생활상을 엿볼 수 있는 자료로 차를 끓이는 선방의 정경을 담담하게 그렸다는 점이 주목된다. 특히 그가 "거하게 취해 취향에 누웠더니[陶然臥醉鄕]"라고 한 구절이 눈에 띈다. 취향醉鄕은 당나라 왕적王績이 〈취향기醉鄕記〉에서 그려낸 가상세계로 편애와 증오, 즐거움과 분노가 없는 이상세계를 말한다. 왕적이 설정한 이상의 세계는 고려의 문인 김극기에게도 영향을 미쳤다. 이런 이상향에 대한 동경은 태고화상이 〈유감有感〉에서 "만약 취향에 들어가지 않는다면[若非入醉鄕] / 어느 때나 구속과 핍박이 그칠까 [拘迫何時休]"라고 한 것에서도 감지할 수 있다. 하지만 태고화상의 시는 분별이 사라진 부처님의 세상을 말하는 것은 아닐까.

공민왕이 그에게 세상을 다스리는 이치를 묻고자 칙서를 내려 그를 가까이 두고자 했다. 그를 왕사로 책봉한 일을 두고 한 말로 생각된다. 더구나 그가 그려낸 차를 달이는 풍경은 바로 눈발이 휘날리는 겨울밤, 다관을 뚫고 나온 그윽한 차 향기가 선방을 가득 채웠던 상황을 그린 것이다. 이처럼 선승의 일상은 참선의 맛이 구현된 공간으로 법희法喜가 자재自在한 곳이다.

옛 문인은 찻물이 끓는 소리를 솔바람 소리에 비유했다. 물 끓으며 피워내는 차 향기, 그리고 담담한 선방은 자재自在한 차의 세계를 드러내기 안성맞춤인 시공간이다.

문인들이 차를 사랑한 까닭

고려의 문인은 차를 마신 후 심신의 안정감을 노래했다. 이색李穡(1328~1396)의 〈차를 마신 후 감회를 읊다[茶後小詠]〉도 이런 류의 시라 할 수 있다. 그의 노래는 아래와 같다.

작은 병에 맑은 샘물을 길어다가	小瓶汲泉水
오래된 묵은 솥에 노아차를 달이니	破鐺烹露芽
귓속이 갑자기 맑아지고	耳根頓淸淨
코끝엔 신령한 기운 통하노라	鼻觀通紫霞
잠깐 새에 흐린 눈이 밝아져서	俄然眼翳消
외경에 조그만 티도 보이질 않네	外境無纖瑕
혀로 먼저 맛보고 목으로 삼키니	舌辨喉下之
기골은 바로 평온해지고	肌骨正不頗
방촌의 마음 신령하여	靈臺方寸地
또렷한 생각, 삿됨이 사라지누나	皎皎思無邪
어느 겨를에 천하를 언급하랴	何暇及天下
군자는 의당 집을 바로해야 하거늘	君子當正家

『목은시고』 권6에 수록된 이 시는 이색의 차에 대한 안목을 대변한다. 그가 작은 병에 길어온 샘물은 차를 끓이기에 손색이 없는 명

청자 완에 백차를 격불한 모습

천名泉일 터. 이 물로 차의 신묘한 세계를 온전하게 드러낼 것이다. 오랜 세월 손때가 묻은 솥에 최고 명차인 노아차를 끓인다고 했다. 차를 달이기에 충분한 조건을 구비한 셈이다. 이색의 차 살림은 소박하고 검소했다. 그러나 차의 진미를 드러낼 모든 조건이 두루 갖춰진 셈이다. 이런 상태에서 달인 차를 마신 후 첫 번째 몸의 변화는 귀가 밝아졌다는 것이다. 코끝에 전해진 차향을 자하紫霞라 노래한 대목이 주목되는데, 이는 차의 신령한 기운을 말한 것이다. 코끝에 퍼지는 싱그럽고 환한 차의 난향蘭香이 심폐로 퍼지면 이미 온몸과 마음은 청정 그 자체로 속세의 여진餘塵이 이미 사라진 상태를 말한다. 그러므로 밝은 눈은 피차의 편견이나 불평등이 사라졌을 터. 바로 정견正見의 실천이 가능한 상태가 아닐까. 더구나 혀로 차 맛을 느끼고 이어 목으로 넘어가는 차의 향기는 사람의 심신을 변화시키는 활력을 지녔다. 그러므로 몸과 마음 어느 구석에서도 불평등과 편견, 아집, 아상我相이 사라졌을 것이니 "또렷한 생각, 삿됨이 사라지누나[皎皎思無邪]"라고 노래한 것이다. 이는 사람이 차를 향유하는 연유이며 차의 공덕을 만끽한 상태를 말한다.

원감국사의 고매한 차생활

원감국사圓鑑國師 충지沖止(1226~1292)도 〈병중언지病中言志〉에서 차를 즐기며 수행하는 승려의 걸림 없는 삶을 이렇게 노래했다.

승방에 일 없어 고요하니 　　　　　　　　　　一室靜無事

세상이야 어지럽든 말든 　　　　　　　　　　任他世亂離

나이 들자 이내 게을러지고	年衰更懶散
병이 깊어 노는 일도 귀찮네	病久謝遊嬉
텁텁한 차는 갈증을 해소할 만하고	釅茗聊澆渴
향기로운 푸성귀 요기하기 족하네	香蔬足療飢
이런 깊은 맛을	箇中深有味
장차 아는 이 없어 좋아라	且喜沒人知

『원감국사가송』에 실린 이 시는 수행자의 소박한 삶과 음다의 중요성을 서술하였다. 그렇다면 원감국사는 어떤 실참實參을 이행했던 승려였을까. 그의 속명은 우원개로 북암노인이라는 자호를 썼다. 초명初名은 법환, 뒤에 충지로 개명했다. 출가하기 전 경서經書를 읽어 사원시司院試를 마쳤고 춘위春闈에 나아가 장원한 것은 그의 나이 19세 때이다. 금직옥당禁直玉堂에도 올랐던 관료로, 29세 때 원오국사圓悟國師 극근克勤에게 출가했고 후일 수선사의 6대 국사가 된 수행자이다.

그가 차를 마시며 수행했던 행선行禪의 여정은 다 헤아릴 수 없겠지만 그의 넉넉한 살림살이를 나타낸 〈병중언지病中言志〉는 수행자의 고매한 차의 세계를 그렸다고 할 수 있다.

그는 "텁텁한 차는 갈증을 해소할 만하다[釅茗聊澆渴]"라고 하였다. 이미 차의 좋고 나쁨에 대한 분별심이 사라진 수행의 경지를 그린 듯하다. 욕심이 사라진 수행의 참맛은 먹는 행위마저 자재한 상태이다. 그러므로 그는 "향기로운 푸성귀 요기하기 족하네[香蔬足療飢]"라고 말한 것이다. 이런 경지는 불가뿐 아니라 도교의 이상이요 유생들이 실현하고 싶은 목표이다. 충지는 "이런 깊은 맛을[箇中深有味] / 장차 아는 이 없어 좋아라[且喜沒人知]"라고 하였다.

04

흰 눈으로 끓이는 차

고려시대 차문화는 왕실 귀족과 사찰, 그리고 승려들이 주도했다. 명전茗戰은 사찰에서 만든 차를 품평하는 자리였다. 특히 왕사王師나 국사國師가 주석한 사찰에서는 왕이 하사한 극품의 차를 소개하는 다회茶會를 열기도 하였다. 그러므로 이보다 아름답고 문기文氣 넘치는 아회雅會란 다른 다회와 비교하기 어려울 것이다. 이런 명전에는 아회의 격에 맞는 인사들이 초청돼 당대를 대표하는 문장가이거나 권력의 실세들이 모였고 다회를 주관한 사찰의 승려들과 교유하는 인사들이 초청되었던 것으로 추정된다. 명전의 주도자였던 승려들은 차의 진수를 잘 드러낼 수 있는 전문가였다.

무의자 혜심의 백설로 끓인 차

　고려 후기 승려 무의자無衣子 혜심慧諶(1178~1234)이 눈[雪]으로 차 끓이는 정취를 담담하게 그린 〈방장실의 선사를 모시고 눈으로 차를 달이며[陪先師丈室煮雪茶筵]〉는 수행승의 차에 대한 진면목을 엿볼 수 있다. 특히 백설白雪로 차를 달이는 장면을 묘사한 대목이 있다. 새하얀 눈과 어울리는 고상한 차의 품격을 대비적으로 부각한 것이기도 하다. 바로 백설을 모아 점다點茶하는 정황을 노래한 그의 시가 돋보이는 연유가 여기에 있다. 그뿐 아니라 그의 시 행간行間에는 관료이며 유학자였던 그가 세상의 부귀영화를 초개처럼 던져버리고 수행자의 삶을 선택했던 연유를 은연 중 드러냈다. 그 시는 이렇다.

엊저녁 가는 비 내리더니	昨晚雨纖纖
놀랍구나! 새벽엔 한 자나 쌓였네	曉來驚尺雪
골고루 덮어서 구멍이 평평하고	均鋪坑塹平
무겁게 짓눌러 나뭇가지 꺾였네	重壓枝條折
추위에 숲 새는 처마 밑으로 스며들고	林鳥寒入簷
지친 사슴 굴속으로 찾아드네	巖鹿困投穴
돌난간 눈이 쌓여 백옥난간으로 변했고	石檻變瑤臺
흙섬돌은 옥섬돌이 되었구나	土階成玉砌
선실로 싸늘한 추위 침범하고	威侵禪室凉
창문으론 눈빛이 들어오네	色傍經窓徹
산승은 추위에 맡겨두고	山人任大寒
차 끓이며 좋은 시절 음미한다오	茗艼酬佳節
시동 불러 눈송이 가져다가	呼兒取雪華

소반 가득 옥처럼 쌓았네	滿盤堆玉屑
손자국은 새긴 듯 선명하고	手迹卽彫鎪
산 모양 닮아 우뚝하구나	山形髣髴屼
구멍 뚫자 용천에 버금가니	鑿六擬龍泉
녹은 물 떠서 작설차를 끓이네	挹澌煎雀舌
어찌 내 즐겁고자 함이랴	豈是自圖歡
남에게 맑은 차, 마시도록 함이라	要令他飮潔
이것은 오직 수행자의 맛이니	此惟方外味
인간 세상에 누설하지 말라	莫向人間泄
아, 나는 본래 서생으로	嗟汝本書生
세속을 벗어나 스님 대열에 끼었소	脫俗參僧列
조그만 방에서 맑은 바람을 마시며	小室飮淸風
지독한 유가의 더위 식혀 간다오	儒門祛酷熱
다만 팔 끊는 용기로	聊將斷臂力
간절히 안심결을 묻는다네	切問安心訣
내 불문(不問)의 물음을 묻노니	我欲不問問
선사께서 무설의 설법을 말해주오	請師無說說

혜심의 『무의자시집』 권하에 수록된 다시茶詩이다. 초겨울 저녁, 보슬보슬 내리던 비는 새벽이 되자 설국雪國을 이뤘다. 그러므로 싸늘한 냉기가 문틈을 비집고 들어왔지만, 창문으로 비치는 눈빛은 옥처럼 빛났다. 그 광경을 그림처럼 노래했다. 더구나 먼동이 트기 시작할 때 차를 끓임에랴. 그의 시는 싸늘한 겨울바람과 따뜻한 차의 향기가 어우러진, 하늘과 땅이 온통 흰빛인 겨울 풍경을 한껏 그려낸

눈 내린 후의 풍경

것이다.

고려시대 대표적인 승려인 진각국사는 출가 전에 사마시에 합격하여 태학太學에 들어갔던 관료이며 유학자였다. 일찍이 출가를 결심했지만 모친은 그의 출가를 허락하지 않았다. 모친이 돌아가신 후에야 출가할 수 있었던 전후의 사정을 "나는 본래 서생으로 / 세속을 벗어나 스님 대열에 끼었다"라고 하였다. 또 "조그만 방에서 맑은 바람을 마시며 / 지독한 유가의 더위 식혀 간다"라고 하였다. 그가 말한 맑은 바람이란 수행자의 걸림 없는 삶을 비유한 말로 짐작되고, 지독한 유가의 더위란 복잡한 예절이나 시시비비를 가리는 유가의 말들을 에둘러 표현한 것이다. 끝으로 그가 방장스님에게 불문不問의 물음을 물어 무설無說의 답을 듣고자 했는데, 이는 안심결安心訣을 얻기 위함이었다.

설수로 차 끓이는 차인들의 정취

그가 차를 끓이면서 설수雪水를 사용했다는 점이 눈에 띈다. 소반에 산처럼 눈을 쌓은 다음 구멍을 뚫어 물길을 낸 후 소반에 고인 설수로 작설차를 끓였다는 것이다. 명말청초明末淸初의 인물 웅명우熊明遇(1579~1649)의 『개산다기岕山茶記』에는 "차를 달일 때 6가지 물의 공이 있다. 산에 물이 없으면 빗물과 가을에 내린 빗물을 사용하는 것이 최상이며 1월 장마기의 빗물이 그다음이다. … 눈 녹인 물은 오곡의 정수지만, 물빛이 맑지 않다. 물의 기운을 기르는 법은 옹기에 작은 돌을 넣는다[烹茶水之功居六 無山泉則用天水秋雨爲上 梅雨次之. … 雪水五穀之精也 色不能白 養水須置石子於甕]"라고 하였다. 찻물로 가장 적합한 물은 맑고 싱그러워야 한다. 설수는 맑은 물은 아니지만, 오곡을 길러낼 정기精氣를 품었다고 생각하였다. 그런데 눈 녹인 설수는 기질이 냉하다. 그러므로 그는 설수의 단점을 보완하기 위한 양수법養水法을 제안한 것이다. 바로 설수를 보관하는 옹기에 작은 돌을 넣어 물의 기운을 복원시킨다는 것이다. 이때 사용하는 돌은 흰색을 띤 작은 돌이 좋다는 견해를 드러냈다. 설수의 냉기와 미약한 기운을 보완하려는 그의 양수법養水法은 지금 활용해도 좋을 듯하다.

눈[雪]을 모아 차를 끓이는 풍경은 이색李穡(1328~1396)의 시에서도 확인된다. 문인의 정취를 잘 드러낸 그의 〈눈[雪]〉을 살펴보자.

창 아래 조용히 앉으니 생각은 끝없는데	小窓淸坐思綿綿
눈 올 기미 한창인데, 날은 저물어가네	雪意方酣欲暮天
두 뺨이 붉은 건 한창때라서가 아니요	頰上雙紅非壯歲
납전의 삼백은 이것이 풍년의 조짐일세	臘前三白是豐年
죽옥에 뿌릴 때는 소리만 들어도 추운데	洒來竹屋聲猶凍
차 솥에 떠 넣으면 차 맛은 더욱 좋구나	點入茶鐺味更妍
쭈그려 앉아 읊조리긴 정히 쓸쓸하지만	抱膝高吟正牢落
외로운 배에 삿갓 쓴 이가 되레 위태롭네	孤舟簑笠轉危然

이 시는 『목은시고』 권6에 실려 있다. 그가 1348년 원나라에서 국자감의 생원으로 성리학을 연구한 건 원의 간섭기를 살았기 때문이다. 원에서 돌아온 후 그는 전제의 개혁, 국방의 개혁, 교육의 진흥, 불교의 억제 등 시정 개혁에 관한 의지를 드러낸 건의문을 올리기도 하였다. 고려 말, 나라가 위란危亂에 처했던 시기에 한때 우왕禑王의 사

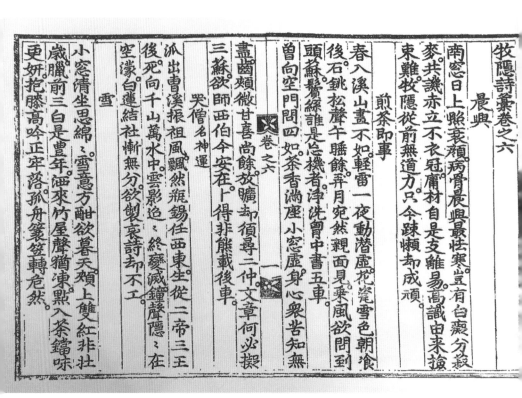

『목은시고』 권6에 실린 이색의 시에 눈(雪)을 모아 차를 끓이던 풍경이 잘 드러나 있다.

부師傅를 역임하는 등 여러 벼슬을 전전했다. 그러나 그의 충정은 고려를 부강하게 만들기에는 역부족이었다. 고려가 멸망한 후, 조선 건국 초기인 1395년(태조 4)에 그를 한산백韓山伯으로 봉하여 벼슬에 나올 것을 종용했지만 끝내 사양하여 선왕조에 대한 충절을 꺾지 않았다.

이런 시대 상황에서도 차를 향유하는 풍습은 여전하였던지 "창 아래 조용히 앉으니 생각은 끝없는데 / 눈 올 기미 한창인데 날은 저물어가네"라고 노래하였다. 속설에 눈이 많이 오는 해에는 다음 해 풍년이 든다고 한다. 눈을 "차 솥에 떠 넣으면 차 맛이 더욱 좋다"고 하였다. 오곡의 정수를 품은 눈이기에 차 맛도 좋았다. 차를 마신 후 신선의 경계를 넘나들었던 그는 혼돈의 시대를 살지라도 차가 곁에 있었으니 세상의 번뇌를 씻어낼 수 있었던 것이리라.

우리나라의 찻물

고려시대 탕법湯法은 점다點茶이다. 점다에서 가장 중요한 것은 물이다. 그러므로 품천品泉의 안목이 중요하다. 8세기 당나라 육우는 품천의 기준을 마련하여 스무 곳에 이르는 찻물을 명명하여 물의 중요성을 알렸다.

물 끓이기가 점다의 핵심

한잔의 차를 완성하는데 있어서 물을 어떻게 끓이는지도 점다의 중요한 변수로 작용한다. 왜냐하면 아무리 좋은 물이라 하더라도 숯불의 화후 조절이 적합하지 않으면 점다에 알맞은 삼비三沸의 타이밍을 놓치게 되기 때문에 오묘한 차의 정수를 드러낼 수 없다. 그럼에도 불구하고 현대사회에서는 전기 포트를 사용하여 물을 끓이기 때문에 센 불과 약한 불이 어우러진 탄력이 있는 탕수湯水를 얻기 어렵다. 물 끓이기에 세심한 주의와 관찰이 요구된다.

고려시대는 차와 다구, 그리고 차를 애호하던 계층의 문화 수준이 가장 높았던 시기이다. 그러므로 차를 향유하는 계층의 찻물에 대한 식견도 높았다. 특히 차문화를 주도했던 승려와 관료 문인들은 품천에도 일가를 이룬 계층이었지만, 아쉽게도 이들이 남긴 품천品泉에 관한 자료는 그리 많지 않지만 품천에 관해 언급한 몇 편의 시가 남아 있어 그나마 다행이다.

물 전문가 이행의 품천

13세기 문인 김극기의 〈박금천薄金川〉은 평양부 북쪽 9리 즈음에 흐르던 냇물로, 찻물로 사용하기에 좋은 물이었다는 사실이 파악된다. 그 밖에 『유사척록遺事撫錄』에 기우자騎牛子 이행李行(1352~1432)이 찻물의 품평에 일가견이 있던 인물로 소개하였다. 이와 관련한 글은 아래와 같다.

성곡 성석연은 기우자 이공과 서로 사이가 좋았다. 이공은 성 남쪽에 살았고 상곡은 산 서쪽에 살았는데, 서로의 거리가 겨우 5리쯤 되었다. 혹은 서로 찾아다니며 노닐기도 하고 혹은 서로 시로써 창수하였다. 상곡이 동산 가운데 조그마한 집을 짓고 '위생당'이라 불렀는데, 매번 하인 아이들을 모아 약 만드는 것을 일삼았다. … 한번은 이공이 '위생당'에 이르니 상곡이 공도공에게 창문 밖에서 차를 끓여 오게 하였는데, 찻물이 넘쳐 다른 물을 부었다. 이공이 차를 맛보고 말하기를 "이 차에는 두 가지 물을 섞었구나"라고 하였다. 이공은 물맛을 잘 가려내었는데, 충주 달천의 물이 제일이고, 한강 가운데로 흐르는 우중수가 둘째이며, 속리산 삼타수가 셋째라고 하였다. 달천은 대개 금강산에서 흘러온 것이다. 용재 이종준의 총화에 "평해 월송정은 승지이다. 이공이 매번 달밤에 와서 소를 타고 송정에서 노닐었다. 유배를 갔는데, 집이 바로 백암산 아래라서 백암이라 불렸다. 소요로 세상을 잊고 술과 시를 지으며 스스로 즐거워했다. 태종이 태자로 있을 때부터 좋아하여 자주 불렀지만 응하지 않았다"고 하였다.

成桑谷石珚與騎牛子李公相善 公居城南 桑谷居山西 相距纔五里許 或杖屨相從 或以詩相酬唱 桑谷於園中搆小齋 名曰衛生堂 每聚家僮 日以齎藥爲事. … 公嘗到堂 桑谷令恭度公烹茶於牕外 茶水溢 更添他水 公嘗之曰 此茶必添二生水. 公能辨水味 以忠州達川水爲第一 漢江中之牛重水爲第二 俗離山之三陀水爲第三. 達川蓋自金剛山出來者也. 慵齋李宗準叢話 平海越松亭勝地也. 李公行每於月夜 騎牛遊賞於松亭 及被謫 仍家白巖山下號白巖 逍遙忘世 詩酒自娛 太宗以潛邸之好 屢召不起.

이 글은 원래 성현의 『용재총화』에 수록된 내용이다. 이행이 우리나라 물을 3가지로 분류하여 상중하로 평가해 놓았던 것을 알 수 있다.

이행은 여말선초의 인물로, 1371년 문과에 급제하여 한림翰林, 수찬修撰을 역임했다. 그가 우왕 때 탐라에 건너가 성주였던 고신걸高臣傑의 아들을 데리고 고려로 돌아옴으로써 이로부터 탐라가 고려에 귀순했다. 당시 그의 벼슬은 전의부정典醫副正이고, 1390년에는 이색과 함께 감옥에 갇히기도 하였다. 고려가 멸망한 후에는 예천동醴泉洞에 숨어 살며 원천석元天錫(1330~?) 및 길재吉再(1353~1419) 등과 깊이 교유했다. 조선이 건국된 후 태조와 태종이 그를 여러 차례 회유하였으나 끝내 벼슬에 나아가지 않았다.

고려시대는 차문화가 발달한 시대였기 때문에 차의 이론이나 찻물에 대해 밝았던 인물도 많았을 것이라 여겨진다. 그런대로 품천에 대해 논의한 글이 흔치 않다는 점에서 이행이 논한 품천은 중요한 의미가 있다.

한편 성석연成石珚(?~1414)은 성현成俔(1439~1504)의 증조부이고 공도공은 성석연의 아들 성엄成揜(1375~1434)이다. 공도는 성엄의 시호다. 그러므로 성현은 자신의 증조부 및 할아버지와 교유했던 기우자 이행의 차와 관련된 자료를 수습했던 것으로 여겨진다. 특히 성석연이 아들 성엄에게 차를 달여 오라 했다. 그런데 찻물이 넘치자 다른 물을 첨가한 것. 이를 정확하게 알았던 것이 이행이었다. 따라서 그는 차의 진면목이 무엇인지를 정확하게 알았던 인물로, 고려 말 관료 문인의 깊이 있는 품천 수준을 드러낸 것이다.

이행은 우리나라의 찻물을 어떻게 말했을까. "충주 달천의 물이 제일이고, 한강 가운데로 흐르는 우중수가 둘째이며, 속리산 삼타수가 셋째"라고 하였다. 이를 통해 고려 전반의 품천에 대한 안목이 어느 정도였는지, 문인의 음다 수준이 어느 정도였는지 짐작할 수 있다. 성석연이 지은 위생당은 고려시대 다정의 면모도 살펴볼 수 있는데, 산 중턱에 집을 지었다는 사실에서 다정은 자연환경이 빼어난 곳에 소략하게 지었던 것이 아닌가 생각한다.

찻물 관련 국내 기록들

찻물에 대한 다른 기록으로는 『삼국유사』〈명주오대산보질도태자
전기〉가 있다. 신라의 태자 보질도는 그 아우 효명태자와 오대산에
들어가 수행하면서 매일 이른 아침 우통수를 길어다 일만 진신 문
수보살에 공양하였다고 한다. 이는 찻물에 대한 언급으로는 가장 오
래된 사료이다. 다촌茶村에 찻물이 있던 흔적을 살펴볼 수 있는 자료
로 〈통도사사리가사사적약록通度寺舍利袈裟事跡略錄〉이 있다. 이규보
(1168~1241)의 〈남행일기南行日記〉에도 찻물에 대해 언급했는데, 그가
1200년 전주목 사록겸장서기로 임명된 후부터 1201년경까지의 일
을 일기 형식으로 기록한 것이다. 그가 부안군 변산에 위치한 내소사
를 방문하여 원효방을 찾았던 정황을 기록했다. 원효 스님이 원효방
에서 수행할 때 사포가 시봉하면서 차를 올렸다는 고사를 인용하였
다. 그 내용은 다음과 같다.

다음날 부령현령(扶寧縣令) 이군(李君) 및 다른 손님 6~7인과 더불어 원
효방(元曉房)에 이르렀다. 높이가 수십 층이나 되는 나무 사다리가 있어
서 발을 후들후들 떨며 찬찬히 올라갔는데 … 곁에 한 암자가 있는데,
속어에 이른바 '사포성인(蛇包聖人)'이란 이가 옛날 머물던 곳이다. 원
효(元曉)가 와서 살자 사포(蛇包)가 또한 와서 모시고 있었는데, 차를 달
여 효공(曉公)에게 드리려 하였으나 샘물이 없어 딱하게 여기던 중, 이
물이 바위틈에서 갑자기 솟아났는데 맛이 매우 달아 젖과 같으므로 늘
차를 달였다 한다. 원효방은 겨우 8척쯤 되는데, 한 늙은 중이 거처하
고 있었다. 그는 삽살개 눈썹과 다 해어진 누비옷에 도모(道貌)가 고고(高
古)하였다.

明日 與扶寧縣宰李君及餘客六七人至元曉房 … 傍有一庵. 俗語所云蛇
包聖人所昔住也. 以元曉來居故 蛇包亦來侍 欲試茶進曉公 病無泉水 此
水從巖罅忽湧出 味極甘如乳 因嘗點茶也. 元曉房才八尺 有一老闍梨居
之 厖眉破衲 道貌高古.

『동국이상국전집』권23에 수록된 내용이다. 1201년 8월 19일 내소
사에 갔다가 다음날인 8월 20일 원효방에 올랐던 일을 적으면서 원
효의 고사를 인용했다. 찻물은 맛이 달아야 한다는 점을 드러냈다.
사포의 정성은 물을 솟게 하는 이적을 만들었다. 찻물이 달고 시원하
며 잡맛이 없어야 한다는 점은 예나 지금이나 같은 기준이다.

다정 위생당의 소쇄한 정경

이행의『기우선생문집騎牛先生文集』에는〈제성상곡석연위생당題成桑
谷石珚衛生堂〉이라는 시가 실려 있다. 이는 성석연이 지은 위생당의 분
위기를 잘 드러낸 시이다.

새로 지은 소쇄한 위생당 백판이 평안하고	蕭灑新堂白板平
글씨와 그림, 책, 꽃, 대나무엔 깊은 정이 가누나	圖書花竹有深情
담장머리 연록 빛 세 그루 회화나무엔	墻頭軟綠三槐樹
한 쌍의 꾀꼬리 소리 듣기 좋아라	好箇黃鸝一兩聲

위생당이 소쇄한 분위기였고 도서와 꽃 그리고 대나무가 우거진
곳이었음을 알 수 있다. 그래서 이행도 깊은 정감을 느꼈던 듯하다.

이규보의 「남행일기」에 원효방 바위틈에서 솟은 물로 차를 달인 기록이 전해진다.
사진은 부안군 변산에 위치한 내소사 원효방 전경

그의 다정에 세 그루의 회화나무를 심은 연유는 무엇일까. 주나라 조정 뜰에 회화나무 세 그루를 심고, 삼공三公이 이를 향해 앉았다는 고사에서 연유되었다. 이후 삼괴三槐는 높은 벼슬을 의미하게 되었다. 위생당에 설치한 아름다운 다정은 소쇄하고 문인들의 취향을 드러낸 공간이었음을 알 수 있게 해주는 시다.

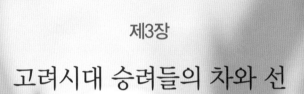

제3장

고려시대 승려들의 차와 선

01

고려 초기 차문화 이끈 구법승求法僧의 활약

차와 선 수행의 융합은 불교문화 발전뿐 아니라 차문화 전반에 걸쳐 큰 영향을 미쳤다. 특히 차에 밝았던 수행승들이 차를 만드는 법[제다법]과 차를 달이는 방법[탕법]의 흐름에 영향을 미쳤다. 세상에 알려진 명차名茶가 거의 사찰에서 민간으로 전해진 제다법에서 나왔다는 점에서도 확인된다. 그뿐만이 아니다. 선종의 수행과 차의 융합이 한중일 차 문화사에 미친 영향도 참으로 지대했다.

선가에 차가 스며든 연유

그렇다면 차문화를 풍성하게 이끈 동력을 제공했던 불교계는 어떤 연유로 차를 수행에 응용했던 것일까. 이런 의문을 해결하기 위한 단서는 달마대사의 수행법과 관련이 깊다. 선종의 수행법에서 최대 장

애는 수마睡魔였다. 이를 해결하기 위해 차를 적극적으로 활용하였다. 달마대사와 차 관련 설화說話가 전해지는데, 어느 날 달마대사가 면벽 수행하던 중에 쏟아져 내려오는 눈꺼풀을 잘라 던진 것이 차나무가 되었다는 설이다. 이 설화가 함의하고 있는 의미는 바로 달마대사의 좌선 수행에서 수마가 최대의 걸림돌이라는 것이며, 선종에서는 이 문제를 해결하기 위해 차를 마셨음을 드러낸 것이다.

알려진 바와 같이 차는 머리를 맑게 하고 갈증을 해소하며 몸의 기활氣活을 원활하게 할 뿐 아니라 소화를 돕고 술을 깨게 하는 해독 기능이 탁월한 음료다. 이런 차의 가치를 가장 적극적으로 응용한 그룹은 도가道家이다. 이들은 차를 불로초의 일종으로 인식했다.

8세기에 중국 전역에 음다문화 퍼져

신라에 차가 들어온 시기는 대략 6세기 말에서 7세기이며 차 문화가 널리 퍼진 것은 9세기 무렵이다. 중국에도 차가 일상생활에 습윤濕潤된 것은 당송唐宋 대이다. 파巴·촉蜀 지역은 중국 차문화의 발원지이다. 이런 사실은 왕포王褒의 〈동약僮約〉에 "무양에서 차를 사오게 하였다[武都買茶]"라고 한 기록이나, 서진西晉의 정치가 손초孫楚가 "강계차는 파·촉에서 나온다[姜桂茶荈出巴蜀]"라고 한 것에서 확인할 수 있다. 특히 고염무顧炎武(1613~1682)는 『일지록日知錄』에서 "차는 진나라 사람들이 촉에서 취한 이후에 비로소 마시게 되었다는 것을 알게 되었다[是知自秦人取蜀而後始有茗飲之事]"고 말했다. 이렇듯 차는 파·촉 지역이 원산지이다. 위진남북조 시대까지도 차를 마시는 풍속은 남방지역으로 제한되었지만, 수나라의 대운하 건설은 남북의 문화교

류에 획기적인 물꼬를 터준 계기가 되었다. 당대의 운하를 통한 물류 교류로 인해 남방의 음다 문화가 북방으로 퍼져 나갔다. 특히 8세기에 남방의 선종 사찰에서는 보편적으로 차를 마시며 수행하였다. 사찰의 수행 풍토가 북방 지역으로 퍼진 것은 8세기 중반인 개원년간開元年間(713~741)이다. 이런 사실은 당대唐代 봉연封演의 『봉씨견문록封氏見聞錄』에서 확인할 수 있다. 그 내용을 살펴보자.

> 남쪽 사람은 차를 마시길 좋아하지만, 북쪽 사람은 처음에 많이 마시지 않았다. 개원년간에 태산의 영암사에 항마스님이 있었다. 선교를 크게 일으켜 선을 닦으면서 잠을 자지 않는 데 힘썼다. 또 저녁을 먹지 않고 모두 차를 마시는 것에 의지하였다. 사람들이 품에 (차를) 끼고 도처에서 차를 마셨다. 이로부터 점점 더 본받아 마침내 풍속이 되었다.
> 南人好飲之 北人初不多飲. 開元中 太山靈巖寺有降魔師大興禪教 學禪 務於不寐 又不夕食皆恃其飲茶. 人自懷挾到處煮飲 從此轉相倣傚 逐成 風俗.

개원은 당 현종 때의 연호로, 713년 12월 1일에서 741년 12월 22일까지 사용하였다. 당시 태산 영암사의 항마스님은 남방에서 유행했던 선 수행을 북방에 알렸으며 다른 한편으론 차를 마시며 수행하는 풍토를 정착시켰다.

도당구법승이 음다문화 한반도에 전래

앞서 언급한 바와 같이 한국에 차가 소개된 것은 6세기 후반에서

7세기 경으로 추정된다. 일찍이 백제는 남조南朝와의 교류를 통해 양나라의 차 문화를 도입했을 것으로 추정되지만 문헌적인 근거는 뚜렷하지 않다. 다만 고고학계에서 발굴한 계수호 같은 유물을 통해 그 개연성을 추정할 뿐이다.

7세기 도당구법승渡唐求法僧들에 의해 차가 들어온 흔적은 『삼국유사』에서 확인된다. 먼저 보질태자 형제가 매일 배례하고 "이른 아침에 우통수를 길어다 차를 달여서 일만 진신 문수에게 공양하였다[兩太子並禮拜 每日早朝汲于筒水 煎茶供養一萬眞身文殊]"라고 한 것이 그것이며 남산 삼화령의 부처님께 차를 올렸던 충담선사의 고사古事도 그렇다. 그러므로 이 무렵 수행승들이 들여왔던 차는 신라 왕실로 확산되지 못한 채 겨우 부처님께 올리는 귀한 공양물로 이용했을 뿐이다. 차문화가 어느 정도 확산의 기틀을 마련한 것은 구산선문이 개창되기 시작한 9세기 이후다. 이 무렵 왕실 귀족층과 관료 문인으로 음다飮茶가 확산하는 경향을 보이지만 여전히 귀한 물품으로, 왕의 권위를 상징하는 하사품이었다.

『삼국사기』에 "흥덕왕 3년(828) 입당사入唐使 대렴이 중국에서 차씨를 가져와 지리산에 심었다[入唐廻使大廉持茶種子來 王使植智異山]."라고 한 것은 당시 차문화를 어느 정도 짐작할 수 있다. 그렇다면 9세기경 신라에 차씨를 들여왔다는 것은 무엇을 의미할까. 9세기경엔 차의 수요가 높아짐에 따라 신라에서는 자체적으로 차를 생산할 필요성이 높아졌을 것으로 추정된다. 이런 시대적 요구를 충족시키기 위해서는 차에 밝은 인력이 필요했는데, 신라 말 귀국한 도당구법승이 당에서 차를 익힌 전문가들이었다. 특히 도당渡唐 이후 수행 중 음다飮茶가 일상화된 승려들은 다사茶事(차를 만들고 달이는 전반적인 일)에 밝을 수밖에 없었다. 그러므로 신라 말 이들의 귀국은 차를 생산할 수 있는 이론과 능력을 갖추었던 전문인의 귀국이라 할 수 있다. 당시 당나라의 신문물인 차를 접할 수 있던 계층으로는 숙위宿衛학생, 사비 유학생 및 사신들, 상인 계층이 있었다. 대개 이들은 해로를 통해 당나라로 들어갔다. 9세기경 일본 승려 엔닌圓仁의 『입당구법순례행기入唐求法巡禮行記』에 의하면 도당구법승들은 산동반도의 등주登州나 절강의 명주明州에 도착하여 각자의 목적지로 향했으며, 당시 신라방의 상인들이 구법승들의 구법 활동에 도움을 주었다고 한다.

신라 왕실의 불교 문화 수용은 적극적이었다. 그러므로 당나라에서 새로운 문물을 익힌 주체자로서 도당구법승은 국가 발전에 도움을 줄 지혜를 갖춘 인재로 인식되었고, 이들에 대한 왕실의 대우는 극진했다. 왕이 몸소 귀국하는 구법승을 맞이하고 왕사로 대접하는 등 대우가 극진했던 것도 부강한 나라를 건설하고자 했던 신라 왕실의 열망을 드러낸 것이라 하겠다.

그뿐 아니라 도당구법은 구법승의 학구열 때문이지만 다른 한편으로 신라 왕실의 종교, 정치, 문화적인 발전을 도모하기 위한 국가사업이었다.

6~8세기 도당구법승들은 천태, 율학, 화엄학, 유식학, 밀교 등 다양한 종파에 관심을 두었다. 원광국사圓光國師(555~638), 자장율사慈藏律師(590~658), 의상대사義湘大師(625~702) 등은 신라에 돌아와 불교 발전에 이바지한 승려였고, 귀국하지 않은 채 당나라에서 불법을 선양한 원측圓測(612~696), 무상無相(680~756), 지장地藏(695~794) 등과 같은 수행자도 있었다. 대개 이들은 6~8세기경 구법을 통해 신라 불교의 발전에 영향을 미친 승려들이다. 이 시기는 차와 불교의 융합이 초기

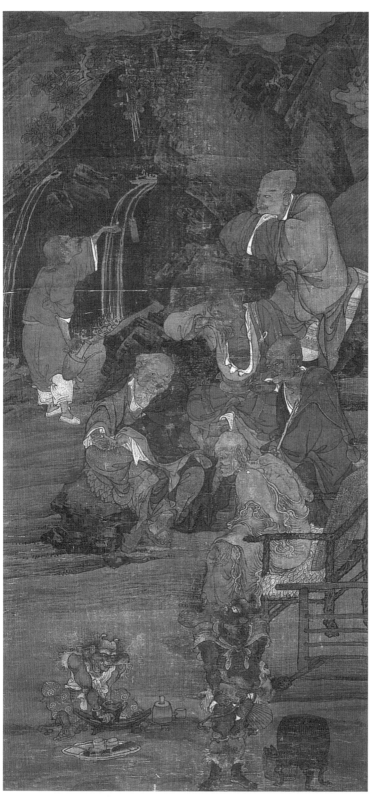

남송 주계상의
〈오백나한도〉 부분도

단계였고 승단僧團의 음다飲茶 문화가 아직 단단하게 정착하지는 못했던 시기이다.

구산선문 이후 신라 차문화 크게 부흥

차를 적극적으로 활용한 시기는 9세기 무렵이었다. 차문화 유입과 직접 관련이 있는 구법승은 선종의 수행법에 영향을 받은 수행승이었다. 특히 혜능선사慧能禪師(638~713)가 개창한 남종선에 영향을 받은 구법승들이 차문화 유입에 적극적이었다. 이런 사실은 나말려초羅末麗初 구산선문九山禪門을 새로 세웠던 구법승 중에 7선문이 마조馬祖(709~788)와 서당西堂(735~814)에게 법을 받은 승려들이라는 사실에서도 확인된다. 이들은 차를 마시며 수행하는 수행풍에 익숙했다. 그러므로 이들이 귀국한 후에는 차문화를 주도할 수 있었던 것이다.

결국 고려가 건국된 후, 사원과 승려들은 차문화를 이끌 명분과 이론, 기반을 갖췄다. 이런 불교계의 정황은 차문화를 융성하게 꽃 피울 수 있었던 힘을 축적하게 된 것이다. 무엇보다 사원의 풍부한 경제력이 차문화를 아름답고 풍성하게 만든 토대였다.

02

법안종과 혜거선사

당송唐宋의 새로운 음다풍飮茶風을 경험했던 도당渡唐 승려들은 고려시대 차문화에 신선한 흐름을 만든 계층이다. 그들은 송나라를 내왕하며 차에 대한 새로운 정보를 익히고 돌아와 고려 차문화가 더욱 더 발전할 토대를 제공했다.

차문화 유입에 법안종 역할 커

선종 오가五家인 위앙종, 임제종, 조동종, 운문종, 법안종 중에 가장 늦은 시기에 성립된 법안종이 큰 역할을 했다. 기존 선가 유풍의 좋고 나쁨을 가려 이를 종합하고 비판할 수 있는 위치에 있던 법안종은 선종의 바른 가풍을 정립하기 위해 교전教典이 필요하다고 인식하였다.

법안종의 초조初祖는 문익선사文益禪師다. 강서 임천의 승수원에서 교화를 폈다. 그를 흠모하던 남당南唐의 왕 이변이 금릉의 보운선원으로 청하여 정혜선사淨慧禪師라는 호를 하사하고 그를 청량산으로 모셨는데, 이곳이 문익선사의 필생 교화 도량이 되었다. 법안종이 개창되어 왕성하게 법을 펴던 10세기경은 대개 선종 사원에서 차를 마시며 수행하는 풍토가 이미 정착되었던 시기다. 문익선사의 문하에서는 덕소德韶, 문수文遂, 혜거慧炬 같은 제자들이 왕후의 존경을 받았다. 그중에도 혜거는 고려인 승려이자 문익선사의 초기 제자였다. 그가 어떤 수행자였는지는 『경덕전등록』에서 확인할 수 있다.

(그는) 고려 도봉산 법안종의 국사이다. 당말 오대 때의 승려인데, 생몰 연대는 상세하지 않다. 중국에 와서 법안 문익을 따라 수행하여 득도한 후, 고려의 국왕이 사신을 파견하여 청하므로 마침내 고려로 귀국하였다. 이후 중국의 법안종은 점차 쇠락하여 미미해졌지만, 고려의 법안종은 도리어 흥성하였으니 모두 혜거의 영향 때문이다.

高麗道峰山法眼宗之国師 唐末五代時之僧 生卒年不详 来我国跟随法眼文益修行而得悟 后高丽国主遣使来请 遂回故地 以后我国法眼宗虽渐衰微而高丽法眼宗却兴盛一时 皆慧炬影响所致.

이 글에 따르면 혜거선사의 귀국은 그를 흠모하던 왕이 사신을 보내 돌아오기를 청했기 때문이었다. 왕은 예를 다하여 그를 국사로 모셨다. 이로부터 고려에 전파된 법안종이 더욱 성행하였다. 실제로 혜거선사가 들여온 법안종을 적극적으로 수용한 것은 광종 때이다. 그의 귀국을 종용한 왕이 광종이었다. 광종은 고려의 통치 기반을 단단히 구축한 왕으로, 중앙집권화와 왕권 강화를 위해 과거제를 시행하는 등 제도를 정비했다. 특히 광종은 불교 교단 정비를 하는 한편 승정僧政을 정비하여 불교를 국가 운영체계에 공식적으로 포함시켜 선종을 정비하면서 법안종을 적극적으로 수용하고자 하였다. 광종이 법안종에 관심을 둔 것은 영명연수永明延壽(904~975)의『종경록』을 읽은 후이다. 광종은 이 경전을 읽고 감동하여 고려의 승려 30여 명을 중국으로 보내 법안종을 배우게 하였다. 따라서『경덕전등록』의 혜거와 관련된 기록은 광종 때 법안종을 적극적으로 수용하게 된 연유를 확인시켜 준 자료라 하겠다.

왕실 배경으로 활발하게 차문화 견인

법안종의 적극적 수용이 차문화에 미친 영향은 무엇일까. 앞서 언급한 바와 같이 법안종은 오월 지역을 거점으로 일어난 종파이고 이곳은 중국 차문화의 발생지다. 그러므로 법안종을 참구參究했던 고려 승려들은 법안종 승원에서 일상화된 음다 풍습을 익혀 새로운 제다법이나 탕법에 눈을 뜬 수행승들이었다. 그러기에 이들의 귀국은 법안종 승단에서 습윤한 차를 고려 왕실과 귀족 사회에 퍼트린 문화의 전파로, 고려의 차문화에 새로운 정보를 제공했을 것으로 생각한다. 더구나 광종은 선대先代부터 실시했던 팔관회, 연등회뿐 아니라 무차대회 같은 불교 행사를 적극적으로 열었던 군왕이라는 점에서 왕실의 주도에 따라 더욱더 풍성한 차문화를 형성할 수 있었다. 한편 불교계의 막강한 사회 정치적인 영향력은 승려들이 차문화를 주도하게 된 시대 환경이었다고 생각한다.

차문화를 주도했던 승려의 다사茶事와 관련된 자료는 주로 고려시대 문인이 남긴 문집과 역사서 등이다. 예컨대 차에 밝았던 승려와 승원의 모습을 그린 임춘林椿(1148~1186)의 〈장난삼아 방장 겸 스님에게 쓰다[戲書謙上人方丈]〉에서는 당시의 상황을 이렇게 노래했다.

겸 스님의 준일함은 총림에서도 빼어나	謙公俊逸叢林秀
신선 같은 꼿꼿한 모습, 맑고 또 여위었네.	玉骨巍巍淸且瘦
달마의 가풍은 설두에게 전해져	佛祖家風傳雪竇
그가 앉은 곳엔 문득 사자후가 들리네.	踞地便聞師子吼
묵언(默言)으로 고요히 선정에 들어	默坐澄心牢閉口
다시는 공과 유를 말하지 않네.	不復談空還說有
미친 늙은이 방거사가 스스로 알고는	自知龐蘊一狂叟
가끔 참선하러 와서 머리를 조아리네.	往往參禪來稽首
서당엔 오래도록 금주한 걸 비웃지만	祇笑西堂長禁酒
나에게 삼매 솜씨로 차 달이는 걸 뽐내는구려.	誇我點茶三昧手
돌솥에서 물 끓는 소리 일어나니	石鼎作聲蚯蚓叫
수액을 만난 객을 누가 구할까	客遭水厄誰能救

이 시에서 알 수 있듯이 겸 스님은 선승으로 수행이 뛰어난 수행자인지라 그 모습 또한 신선처럼 깨끗하고 맑았던가 보다. 달마의 참선 수행법은 설두선사(834~905)에게 전해졌으니 바로 설두선사의 영향을 받은 겸 스님이 수행하는 곳에선 사자후가 들린다고 했다. 그러니 그의 수행의 심지는 고려뿐 아니라 방거사도 알아준 경지였다. 그런 겸 스님이 임춘에게 내준 차란 삼매의 경지를 나툰 차였다. 물론 겸

스님의 차에 대한 경지는 찻물을 감별하는 능력뿐 아니라 삼비三沸로 끓여야 하는 탕변湯辨도 체득했을 터다. 그러므로 겸 스님은 점다삼매點茶三昧를 뽐낼 만하다고 말한 것이라 여겨진다.

백차 점다의 어려움

점다點茶는 고려시대에 유행하던 탕법이다. 12세기엔 이미 백차白茶를 선호했기에 뇌원차腦原茶나 유차孺茶를 즐겼다. 당시 한잔 차를 얻기 위한 수고로움은 잎차를 우리는 것과 비교할 바가 아니다. 한잔의 차를 얻기 위해 먼저 숯불을 피워 약한 불에 차를 구운 후, 나무 절구에 차를 넣고 덩어리를 분쇄한다. 이규보李奎報(1168~1241)의 〈천화사에서 놀다가 차를 마시다[遊天和寺飮茶]〉에 "녹태전을 대나무 공이로 부수자[一節穿破綠苔錢] / 시냇가에서 졸던 수컷 오리가 놀라 깨었네[驚起溪邊彩鴨眠]"라고 한 것이 그것이다. 녹태전은 당시 승원에서 마셨던 고급 차의 이름으로, 둥근 돈처럼 생겼다 하여 녹태전錢이라 한 것이며, 이는 연고차류이다.

임춘의 시에 따르면, 단차를 마시기 위해 단단한 덩이차를 나무 절구에 넣은 후, 작은 구멍 사이에 공이를 넣어 나무망치로 친다. 이때 나무망치 소리가 탕탕 울리므로, 시냇가에서 한가히 졸던 수컷 오리가 깜짝 놀라 깬 정황을 그림처럼 읊었다. 한편 나무 절구에서 분쇄한 차는 다시 차맷돌[茶磨]이나 다연茶研에 갈아낸 후, 가는 체로 쳐서 미세한 가루로 만든 후에야 차 한잔을 마실 수 있었다. 참으로 번거로운 공정을 거친다. 그러나 번뇌를 삭힐 향기로운 차 한잔을 내기 위한 정성과 집중력은 본받을 만하다.

승원에서 차를 다마茶磨에 가는 정황을 그린 자료로는 이인로李仁老 (1152~1220)의 〈승원의 차맷돌[僧院茶磨]〉이 있다. 그 내용은 다음과 같다.

차맷돌 천천히 돌아 　　　　　　　　風輪不管蟻行遲

월부를 막 돌리자 옥가루 날리네 　　　月斧初揮玉屑飛

종래 법희는 진실로 자재한 것 　　　法戲從來眞自在

맑은 하늘에 우레치고 펄펄 눈이 내리는 듯 　晴天雷吼雪霏霏

이 시를 보면, 13세기 승원에 손님이 찾아오면 가루차를 대접했던 차문화의 흐름이 확연하게 드러난다. 그런데 승원에서 차를 가는 맷돌 소리가 우레가 치는 듯, 지축을 울렸다는 표현도 흥미롭다. 우레가 치듯 맷돌이 돌아가고 맷돌이 돌아갈 때마다 흰 눈이 내리듯 하얀 찻가루가 날리던 정취는 상상해 봄직한 풍경이다. 차가 문학적 감수성과 예술로 승화되었던 고려시대는 귀족이나 불가, 관료 문인들이 이끌던 시대였다. 그러므로 고려의 지성인이 읊어낸 다시茶詩는 차문화를 풍성하게 만들었던 결이며 문화적 토양을 풍부하게 만들어준 물줄기였다.

차맷돌 선물 받은 이규보

고려의 문인들에게는 귀한 벗에게 차맷돌을 보내 맑고 향기로운 차를 즐기며 서로의 향상을 기원했던 여유와 배려가 있었다. 이규보의 〈차맷돌을 준 사람에게 감사를 표하여[謝人贈茶磨]〉에 "돌 쪼아 바퀴 하나 이뤘으니[琢石作孤輪] 돌릴 땐 한쪽 팔만 쓰네[迴旋煩一臂]"라

오묘 벽화 6묘 전실 동벽. 다연으로 차를 가는 모습

하였다. 이어 "그대도 차를 마시면서 무엇 때문에 나에게 보내주었나[子豈不茗飮 投向草堂裏]"라고 했다. 그러면서 지기知己가 나에게 차맷돌을 보낸 까닭은 "내가 유독 잠 즐기는 걸 알기에 나에게 부쳐 온 것이로구나[知我偏嗜眠 所以見寄耳]"라고 진단했다. 차를 마시면 잠이 적어진다. 그러기에 벗에게 차맷돌을 보내 탁마琢磨를 독려했던 것. 차의 성품은 군자와 같다고 생각했던 이 시대 사람들의 차에 대한 관점에 주목할 필요가 있다.

고려 단차의 점다 과정

① 차 굽기

② 목절구에 차 부수기

③ 연에 갈아 가루 만들기

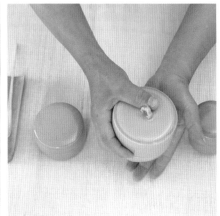

④ 체치기

⑤ 다합에 완성된 차 넣기

⑥ 다완 데우기

⑦ 격불

⑧ 격불된 백차의 모습

03

대각大覺국사 의천義天의 차생활

　고려시대 사찰은 차문화를 주도하던 문화 현장이었다. 차 이론에 밝은 수행승들은 차에 알맞은 물을 선택하는 안목뿐 아니라 차 이론의 전문가 집단이기도 했다. 그러니 자연스럽게 승원僧院은 문화의 공간으로써, 수행승과 가깝게 교유하던 문인들이 모여드는 문화 공간이자 명전茗戰이 자주 펼쳐지는 차문화의 현장이었다. 따라서 고려시대 차문화를 주도했던 승려들의 음다 흔적은 고려시대 차문화를 살펴볼 수 있는 귀한 자료이다. 더구나 고려시대는 불교계의 영향력이 정치, 경제, 문화, 사회 전반에 미친 시대였다. 그러므로 고려시대 차문화사는 수행승들이 영향력을 주도했기에 그들이 남긴 음다 흔적으로서의 시문은 차의 가치, 응용 등 전반적인 고려시대 차문화의 흐름을 드러내고 있다는 점에서 중요하게 다룰 주제인 것이다.

황제의 차 선물 받는 고려의 국사

왕족인 대각국사 의천(1055~1101)은 차뿐 아니라 화엄종의 종주로, 불교계의 영향력을 전반적으로 확대했으며, 간경에도 많은 공적을 남긴 인물이다. 더구나 그는 차를 즐긴 수행승이었다. 그는 다시茶詩 3수와 1편의 표表를 남겼다. 그가 남긴 1편의 표表에는 11세기 송 황제 철종哲宗(재위 1085~1099)의 후한 환대 속에 나눈 교유를 담고 있을 뿐만 아니라, 차를 즐겼던 정황도 살필 수 있다. 특히 그가 지은 표는 차가 수행승에게 얼마나 중요한 물품이었는지 가늠할 수 있는 귀한 사료라 하겠다.

대각국사 의천의 생애를 살펴보면, 영통사 경덕국사 난원爛圓(999~ 1066)에게 출가한 것이 11세 때이다. 학계에서는 교학 연구에 치중했던 의천을 불교 전반에 높은 식견을 갖춘 인물이라 평가한다. 특히 그는 노장老莊이나 유가에도 깊이 참학參學했고, 교학의 중심을 화엄에 두었으며 신라 화엄종의 전통을 재인식했다.『고려사』에서는 그가 송으로 구법을 떠난 사연을 소상하게 서술하고 있다. 그런데 부왕은 송으로 구법을 떠나고자 했던 그의 뜻을 끝내 허락하지 않았다. 부왕에 이어 형제인 선종宣宗(재위 1083~1094)이 왕위에 오른 후에도 의천은 도당구법의 뜻을 재차 천명했다. 그런데 자신의 뜻이 이뤄지지 않자 몰래 문도 두 명과 함께 송宋 상인 임녕林寧의 배를 타고 송에 들어가는 결단을 보인다. 당시 송 철종은 입송入宋한 그를 극진하게 환대한다. 고려 왕 또한 환국하는 그를 극진히 대접했다.『고려사』에는 1086년에 귀국하는 그를 맞았던 고려 왕의 정성을 이렇게 묘사한다.

왕이 태후를 모시고 봉은사(奉恩寺)로 나아가 기다렸다. (그를) 맞이하여 인도하는 의례의 성대함은 이전과 비교할만한 것이 없었다.

王奉太后 出奉恩寺以待 其迎迓導儀之盛 前古無比

이 글은 대각국사 의천의 정치, 종교적 위상을 짐작하게 하는 대목이다. 그의 위상은 송나라에서도 확인되었다. 그가 구법하러 송에 갔을 때 황제는 의천을 수행할 관리를 동행시켜 구법 여정에 불편이 없도록 배려했다. 그러므로 그가 오吳 지방의 여러 절을 순방할 때, 가는 곳마다 극진한 예를 표한 것은 황제의 배려 때문이었다. 이후에도 송 황제는 고려에 사신을 보낼 때, 특별히 의천을 위해 차와 약을 보낸 사실은 의천이 답례로 쓴 〈사사다약표謝賜茶藥表〉에서 확인할 수 있다. 그 내용은 이렇다.

이달 13일 중국 사신이 와서 칙지를 전달할 때, 삼가 자상하신 성은을 입어 특별히 어차 12각과 약 1은합을 하사받았습니다. 황송하게도 몸소 특별히 보살핌을 내리시어 고급 차와 약으로 총애를 보이셨습니다.

臣僧某言 今月十三日 中使至 奉傳勅旨 伏蒙聖慈 特賜御茶二十角 藥一銀合者 無晃凝旒 特紆於睿眷 嫩芽靈藥 優示於寵賜.

이때 송 황제가 보낸 차는 용봉단차라 생각된다. 11세기 무렵 송나라에서는 정위丁謂(966~1037)에 의해 대용봉단이 만들어져 황제에게 상공上貢되었고, 이어 채양蔡襄(1012~1067)이 소용봉단을 만들어 어공御供했다. 그러므로 송 황제는 의천을 위해 극품의 차를 하사했던 것이다. 이를 통해서도 그의 위상이 어땠는지 짐작할 수 있다.

대각국사 진영, 선암사 소장

의천의 유학승 시절과 차

의천의 〈농서학사이억임천사시견증인차운화수隴西學士以憶臨川寺詩見贈 因次韻和〉는 송나라에 갔을 때 임천사를 찾았고, 그때 만난 농서학사에게 화답한 시이다. 그가 임천사에서 차를 마시며 시를 짓기에 골몰했던 정황을 이렇게 묘사했다.

향사 한 구역을 원람이라 부르니	一區香社號鴛藍
맑고 고요한 산문으로 가는 길, 푸른 산과 마주했네	門徑淸虛對碧岡
구름 서린 울창한 숲 전각을 둘러싸고	密樹貯雲籠象殿
달빛 어린 얇은 장막, 불좌를 호위하네	薄帷和月護猊床
소나무 난간에서 강경 마친 뒤 시 읊느라 고심하고	講廻松檻吟魂苦
다원에서 차 덖기 마치자 타던 속이 시원해지네	焙了茶園渴肺凉
불법 배우려던 소원 이뤄 산승이 되었지만	掛錫已酬爲學志
꿈속에선 고향으로 돌아가 옛집을 서성이네	故山還夢舊棲堂

시의 첫머리에 등장하는 향사香社란 백거이白居易(772~846)가 향산의 승려 여만如滿과 함께 결성한 시회詩會인 향화사香火社를 말한다, 약칭하여 향사라고도 한다. 의천이 말한 향사는 "향사 한 구역을 원람이라 부르니"라고 한 데에서 승원을 말하는 것임을 알 수 있다. 당시 승원의 배치나 가람의 명칭을 나타낸 대목이라 하겠다. 한편 향사란 향을 올리는 곳이라는 의미로도 쓰이니 사찰을 향사라 부른 것이 아닌가 생각한다. 더구나 임천사는 산간에 위치한 절이었다. 그러므로 그는 "맑고 고요한 산문으로 가는 길, 푸른 산과 마주했네"라고 했던 것이다. 임천사는 다원이 있어 차를 만들던 절이었다는 점도 눈

에 띈다. 이 절에서 만든 차를 마신 그는 "타던 속이 시원해진다"고 했다. 그런데 그가 속을 태웠던 연유는 무엇일까. 바로 시를 짓기에 골몰했기 때문이다. 구법을 떠난 수행승, 의천도 자기 소원대로 불법을 배우는 산승이 되어 법을 구하기 위해 송나라의 산하를 떠돌았지만 꿈 속에도 그리워하던 곳은 고향의 옛집이었다.

한편 이 글에서 주목할 만한 대목은 그가 차를 덖는 현장에 있었다는 점이다. 당시 송나라 승방의 새로운 제다 기술과 정보는 이렇게 고려에 흘러들어 고려와 송은 동시적인 차문화를 향유할 수 있었던 것이라 생각한다.

또 다른 그의 시 〈화인이차증승和人以茶贈僧〉에서는 북원에서 보낸 차를 달이는 즐거움을 이렇게 노래하였다.

북원에서 새로 덖은 차를	北苑移新焙
동림의 스님께서 보내왔네	東林贈送僧
차 달일 날, 미리 알았기에	預知閑煮日
맑은 물줄기를 따라 얼음을 깨노라	泉脈冷敲氷

의천이 다다른 차의 경지

이 시에서 말하는 북원北苑은 황제를 위해 차를 만드는 곳, 바로 어원御苑이다. 어원은 관원을 파견하여 차나무와 찻잎을 관리했다. 그런데 동림사 스님이 어원에서 만든 차를 의천에게 보내주었다는 것이니 동림의 스님은 황실에서 하사한 차를 받을 수 있는 수행자였던 셈이다. 의천에게 이 햇차를 보내주었으니 그 감동은 무어라 말할까.

이런 차를 마시는 날은 한가하여 일이 없는 날이어야 하는데, 이는 차를 달이는 데 온 마음을 집중하여야 차의 진미를 드러낼 수 있기 때문이다. 차 달이는 데 가장 중요한 것은 물 끓이는 일이다. 물은 곧 차를 드러내는 근본이다. 이는 물의 중요성을 강조한 것이자 물의 생명력을 강조한 말이다. 초의선사가 〈동다송東茶頌〉에서 "차는 물의 신이요, 물은 차의 체라. 좋은 물이 아니면 차의 신묘함이 드러나지 않고 좋은 차가 아니면 차의 근본을 엿볼 수 없다[茶者水之神 水者茶之體 非眞水 莫顯其神 非眞茶 莫窺其體]"라고 한 것도 같은 맥락이다. 의천 또한 물과 차의 원리에 환하게 알았던 수행자였음을 이 시를 통해 확인할 수 있다. 그러기에 "맑은 물줄기를 따라 얼음을 깬다"고 하였다.

또 다른 그의 다시茶詩 〈화인사차和人謝茶〉에서는 "이슬 내린 봄 동산에 무얼 할까나[露苑春峰底事求] / 차 달여 세상 시름 씻어 낸다[煮花烹月洗塵愁]"라고 했다. 여기 나오는 '팽화烹花'는 차를 달인다는 말로, 화花는 차 거품을 의미한다. 이어 등장하는 '팽월烹月'은 둥근 단차를 끓인다는 말이다. 이처럼 정기를 품은 차를 마신 의천이기에 "몸이 가뿐해 삼통三洞에 노니는 것보다 낫다[身輕不後遊三洞]"라고 한 것이다. 그가 말한 삼통三洞은 신선계를 비유하는 말이다. 차는 "신선의 다품이라 산사에 더욱 잘 어울리네[仙品更宜鐘梵上]"라고 한 것이야말로 의천의 차에 대한 견해를 확실하게 드러낸 셈이다. 한편 차의 맑은 향기는 술이나 시를 짓는 풍류만을 허락한다고 하였다. 수행자는 성불成佛이 목표이기에 단약丹藥을 먹고 장생長生을 구하지 않는다는 것이다. 이것은 의천이 수행자로서 차를 즐긴 입장의 표명이며 차를 즐기는 이유였다.

『대각국사문집』

04

진각眞覺국사 혜심慧諶의 차 노래

보조국사普照國師 지눌知訥(1158~1210)의 제자인 진각국사眞覺國師 혜심慧諶(1178~1234)은 기존의 선 사상을 답습하지 않고 종합 발전시킨 선 사상을 제창하였다. 그는 정토사상을 적극 수행하여 민중의 지지를 얻었다. 간화선을 강조했던 그는 수선사의 제2대 사주로 교세를 확장하였고, 지방의 향리층이나 독서층 자제들이 대거 불교계에 투신하는 데 영향을 미쳤다.

13세기 고려 차문화의 정수, 진각국사 혜심

고려 후기에도 차문화를 주도한 건 사원과 승려들이었다. 혜심 또한 차를 마시며 수행했던 다승茶僧이었다. 그가 남긴 여러 편의 다시茶詩는 13세기 차문화뿐 아니라 사원 승려들의 음다飮茶 풍모를 살펴

보조국사 진영(순천 송광사)

볼 수 있는 자료라는 점에서 중요한 의미를 지닌다.

그렇다면 그가 불교계에 투신하여 수많은 업적을 남긴 인연을 살펴보자. 그와 불교의 인연은 남다른 면모를 보였다. 어린 시절 아버지를 여읜 후 출가를 원했다는 점이 그렇다. 하지만 그의 어머니는 그의 출가를 허락하지 않았기에 1201년 사미시에 합격, 태학으로 들어가 벼슬길에 오른다. 1202년 어머니가 돌아가신 후에야 수선사로 지눌을 찾아가 삭발염의削髮染衣하였다.

혜심은 1210년 지눌이 열반한 후 수선사로 돌아왔다. 이 무렵 사방의 학자와 도인, 속인들이 구름처럼 모여들어 법당이 좁았다고 한다. 그가 범상치 않은 수행력을 지닌 승려였음을 보여주는 것이라 하겠다. 그가 수선사로 돌아왔다는 소식을 들은 강종康宗은 유사有司에게 명하여 수선사를 증축하게 하고 자주 중사中使를 보내 공사를 독려하였다. 그뿐 아니라 왕은 진각국사에게 만수가사滿繡袈裟 한 벌과 마납磨衲 한 벌, 그리고 차茶·향香·보병寶瓶 등을 내리기도 하였다.

왕이 그에게 법을 구하기에 『심요心要』를 지어 올렸다고 하는데, 이것은 이규보의 〈조계산제2세고단속사주지수선사주증시진각국사曹溪山第二世故斷俗寺住持修禪社主贈諡眞覺國師〉에서 확인된다. 아울러 이규보의 진각국사 비명碑銘에는 13세기 최고의 권신이었던 최우崔瑀(?~1249)가 진각국사의 수행 풍모를 듣고 성의를 보였다는 내용도 보인다. 그의 두 아들을 보내 진각국사를 모시게 하는 한편 진각국사의 생활 도구를 마련해 주었다는 사실도 이규보의 글을 통해 드러났다. 최우는 때마다 수행자에게 필요한 차와 향 등을 보냈다고 한다. 왕과 최우가 그에게 보내준 차는 당시 유행하던 백차白茶였을 것으로 추정된다.

진각국사 진영(순천 송광사)

많은 다시 남긴 다승

혜심은 시문에도 능한 수행자였다. 이러한 사실은 그가 태학에 있을 때 지은 시들을 통해 잘 드러난다. 고려 후기 문인 진화陳澕의 『매호유고』 가운데 〈제목을 잃다[失題]〉라는 글 협주夾註에 혜심의 시구가 등장한다. 바로 "뽕 따는 아낙네 든 광주리 봄빛을 가득 담고[臂筐桑女盛春色] / 고기 잡는 노인 쓴 삿갓 빗소리 담고 가네[頂笠蓑翁戴雨聲]"라는 구절이 그것이다. 혜심의 문집 『무의자전집』에는 수 편의 다시茶詩도 수록되어 있다.

차의 덕성은 좋은 차와 이에 알맞은 물을 통해 드러난다. 이는 차를 즐기는 사람의 안목에 따라 깊이를 더한다. 그러기에 좋은 물을 고르는 안목은 차의 진면목을 즐기기 위한 필수 조건이다. 그러므로 다사茶事에 밝았던 진각국사도 찻물에 대한 식견이 높았던 수행자라고 생각한다.

그러기에 그는 〈찻물 샘[茶泉]〉에서 "오래된 이끼 속으로 소나무 뿌리 뻗었고[松根去古蘇] / 돌구멍으로 싱그러운 물이 솟아오르네[石眼迸靈泉]"라고 한 것이다. 고송古松의 뿌리가 뻗어 있고 오래된 이끼가 자라는 곳이라면 맑고 청정한 자연조건을 두루 갖춘 곳이다. 이런 조건을 갖춘 샘에서 솟아나는 물이라면 차의 색향기미를 충분하게 드러낼 수 있는 물이다. 이런 물을 찾아 차를 즐긴 연유는 무엇일까. 그 답은 진각국사의 〈차와 정해문呈解問을 보내온 것에 답하여[惠茶兼呈解見答之]〉에서 찾을 수 있다. 그 내용은 아래와 같다.

밤새도록 참선으로 피곤해진 밤에　　　　　　久坐成勞永夜中
차 달이며 무궁한 은혜를 느끼네　　　　　　煮茶偏感惠無窮

한 잔의 차에 혼미함이 다 걷히니　　　　　　　一盃卷却昏雲盡

온몸에 맑은(차의) 기운 퍼지자

모든 시름이 사라지네　　　　　　　　　　　徹骨淸寒萬慮空

　그렇다면 그의 시름을 사라지게 하는 차를 보낸 사람은 누구일까. 그 답은 정해문呈解問에 있다. 이는 깨달음의 이치에 관한 담론일 가능성이 크다는 점에서 그에게 차를 보낸 인물은 사찰의 승려이자 진각국사와 깊이 교유했던 수행자로 추정된다.

　그가 차를 즐긴 연유는 바로 장좌불와長坐不臥로 인한 피로와 잠을 해소하기 위함이었다. 이런 차의 이로움은 사원에서 차를 마시며 수행하는 수행법이 나온 이유이다. 그가 차를 보낸 사람의 은혜를 거론하면서 "차 달이며 무궁한 은혜를 느끼네[煮茶偏感惠無窮]"라고 한 것에서 승려들 사이에서도 최고의 선물은 차였다는 것을 알 수 있다.

이 빠진 다완에 다리 부러진 차솥

　혜심은 차를 마신 후 온몸으로 퍼지는 맑고 시원한 차의 기운이 세상의 온갖 시름과 혼미함을 걷어낸다는 점도 강조했다. 그가 오랜 세월 차를 즐기며 수행했던 흔적은 오봉산 전물암轉物庵에서 수행할 때 지은 〈우거전물암寓居轉物菴〉에 "이 빠진 다완 다리 부러진 차솥으로 [缺脣椀折脚鐺口] / 차를 달이며 하루를 보내네[煮粥煎茶聊遣日]"라고 한 것에서 드러난다. 이가 빠진 찻잔은 가루차를 선호했던 고려 후기에 주로 사용했던 찻그릇으로, 오래도록 사용하여 손때가 묻었을 것이고 오랜 세월을 사용했으니 당연히 이도 빠졌던 것이다. 이를 통해 그가 얼마나 검박하고 진솔한 수행자였는지 짐작할 수 있다. 그러므로 오래도록 사용했던 그의 다구는 이가 빠지고 다리가 부러진 것이다. 다완과 차솥은 차를 달일 때 필요한 최소한의 기물器物이다. 그가 이가 빠진 다완과 다리가 부러진 차솥을 사용했다는 것은 오랜 세월 차를 즐긴 승려로 그의 걸림 없는 차생활의 일면을 나타낸 것이다. 그렇다면 그가 수행하던 오봉산은 어디일까. 바로 구례에 위치한 산이며 전물암은 진각국사가 지눌의 제자가 되기 전인 1203~1209년 즈음에 머물던 사찰로 짐작된다.

선가의 차 선물 풍속

그가 활약하던 시기에는 차를 구하기 위한 걸명乞茗도 유행한 듯하다. 이런 사실은 그의 〈대혼스님이 차를 얻으러 와서 시를 청하기에 [大昏上人因丐茶求詩]〉에서 드러난다. 그 내용을 살펴보자.

너무 깜깜하면 혼침에 들까 두렵나니	大昏昏處恐成眠
향기로운 차를 자주자주 끓여야 하리	須要香茶數數煎
그날의 향엄은 본래 꿈속에 있으니	當日香嚴原睡夢
신통을 전하는 일, 네가 도와 전하라	神通分付汝相傳

이 글은 진각국사가 자신을 찾아온 대혼스님에게 써준 시이다. 대혼大昏이라는 승려의 법명을 시구의 첫 글자로 놓아 유쾌한 희언戲言으로 삼는 묘미를 드러냈다. 대혼이란 의미는 매우 깜깜한 상태를 말한다. 그러니 "너무 깜깜하면 혼침에 들까 두렵다"라고 한 것이다.

혼침昏沈은 졸음을 말한다. 그러므로 향기로운 차를 자주자주 끓여 마심으로써 졸음을 멀리했던 사실을 은근히 전한 것이다. 당시 차를 구하고 선물하는 풍습은 승려 사이에서나 문인들 사이에서 행해진 아름다운 풍습이었다. 진정국사眞靜國師 천책天頙(1206~?)의 『호산록湖山錄』에 실려 있는 〈선사께서 차를 보내주심에 감사하며[謝禪師惠茶]〉라는 시에서도 시대 흐름을 읽을 수 있다.

귀한 차는 몽정산의 봉우리에서 딴 것으로	貴茗承蒙嶺
이름난 물, 혜산천을 길어 왔으니	名泉汲惠山
깨끗이 졸음을 물리칠 수 있고	掃魔能却睡
손님과는 한가함 누릴 수 있으리	對客更圖閑
털구멍으론 이슬 같은 땀, 송골송골 맺히고	甘露津毛孔
겨드랑이엔 맑은 바람 살랑이네	清風鼓腋間
어찌 신령한 약을 마신	何須飮靈藥
연후에야 동안을 유지할까	然後駐童顏

이는 진정국사의 다시이다. 강진 백련사에서 수행했던 그는 원묘국사의 제자로, 백련사 4대 조사祖師로 추앙받는 인물이다. 시문에 뛰어났던 그는 말년에 용혈사龍穴寺에서 여러 제자를 배출하였고, 진각국사처럼 문과에 급제한 후 출가하였다.

그가 언급한 몽정차蒙頂茶는 몽정산 정상에서 생산하는 명차이다. 몽정산은 사천성 명산현과 아안현 사이에 있다. 여기에서 생산된 차는 당대 황실용 차로 공납되어 세상에 회자되었으니, 특히 약성이 뛰어난 차로 알려졌다. 초의선사의 〈동다송〉에도 "육안차는 맛이 좋고

강진 백련사 전경. 백련사에서 수행했던 고려 후기 승려 진정국사가 지은 『호산록』을 통해 당시 스님들이 서로 차를 구하고 선물했던 풍습이 있었음을 알 수 있다.

몽정차는 약성이 좋다"고 한 대목이 눈에 띈다. 진정국사가 활약했던 고려 후기까지도 몽정차는 최고급 차로 회자되었고, 혜산천 또한 천하에서 가장 좋은 찻물로 알려졌다. 육우가 20천을 상정하면서 혜산을 천하의 제2천으로 명명한 후, 가장 귀한 찻물의 대명사로 부각되었다. 그러므로 고려 후기 진정국사는 혜산천처럼 가장 좋은 물을 길어와 가장 좋은 차를 달였다는 것을 알 수 있다. 그가 차를 마심으로써 졸음을 물리칠 수 있고 귀한 손님과 탈속한 정담을 나눌 수 있다고 한 것은 당시 차에 대한 인식을 드러낸 것이다. 그가 말한 바와 같이 차를 마시자 겨드랑이에서 바람이 일고 땀까지 송골송골 맺힌 상태가 되면 몸과 마음이 맑고 경쾌해져 상청을 누비는 신선의 경지에 이르는 것이다. 차를 마신 후 심신이 가벼워지고 몸과 마음이 더욱 자유로워졌음을 드러낸 것이 아닐까.

05

원감園鑑국사에게 보낸 황제의 차

몽골의 난은 개경을 중심으로 활약했던 불교계를 쇠퇴시켰다. 그러나 난이 종식되어 다시 개경으로 환도還都한 후, 교단 중심의 사찰로 그 지위가 회복되었다. 그런데 왕실이 강화로 천도하게 되자 불교계는 담선법회談禪法會를 열어 몽골에 대항하려는 흐름을 보인다. 이는 원이 고려 왕실에 대한 정치적 입장을 강화하면서 정치적 압력을 가하게 만든 빌미가 되었다.

원의 간섭과 고려의 불교

무신정권기에 절대권력을 휘둘렀던 최충헌崔忠獻(1149~1219)과 그의 아들 최이崔怡(?~1249)의 담선법회에 대한 관심은 이 법회가 더욱더 활발해지는 계기가 된다. 담선법회를 주도했던 사찰 수선사는, 최씨정권과의 정치적인 밀착으로 인해 불교계에 영향력을 확대하게 된다. 그런데 수선사가 대몽항쟁기에 몽골에 대한 대항을 주도한 사찰이었다는 점은 원이 수선사를 응징하는 조치를 내리게 한 요인이 었지만, 다른 한편으로 고려 내의 회유해야 할 불교계의 대표 사찰로 인식하기도 하였다. 따라서 1273년경 원은 삼별초군의 대몽항쟁을 진압하기 위한 군량미 확보를 위해 수선사의 사유지를 몰수하려는 조치를 내린다. 이에 따라 수선사는 경제적인 어려움이 커질 수밖에 없는 상황에 놓였고, 원감국사圓鑑國師 충지沖止(1226~1292)는 원 황제에게 〈복토전표復土田表〉를 올려 수선사의 어려움을 해결하고자 하였다. 이에 따라 원 황제는 원감국사의 요청대로 수선사의 사전을 회복시켜주었다. 이에 원감국사는 원 황제에게 〈상대원황제사사복토전표上大元皇帝謝賜復土田表〉를 올려 감사를 표했다.

은택은 높은 하늘에서 내리고 봄은 마른 나무에 돌아오니, 황송하여 몸 둘 바를 모르겠고 짐을 감당하기 어렵습니다. 공손히 생각하옵건대, 황제 폐하의 덕은 모든 왕[百王]의 으뜸이시며 공은 만세(萬世)에 높으시어, 일시동인(一視同仁)으로 크게 바다 끝[海隅]에까지 덮어 주시며, 사방이 안으로 향하는 마음을 얻어 천하를 가득히 덮어 주시니, 칭송하는 노래가 중국 밖[中外]에 들끓으며 뛰고 춤춤이 멀고 가까운 데에 차이가 없습니다. 엎드려 생각하옵건대, 신은 성품과 행실이 졸렬하고 소루하며 마음이 천박하고 비루한데, 외람되이 조문[祖門, 조사(祖師)의 문]의 뒤를 이어 석원[釋苑, 승계(僧界)]의 지남(指南)이 되었나이다. 이 절[寺]은 오세(五世)째의 총림(叢林)이며 육화(六和) 중의 연수(淵藪)입니다. 선종(禪宗)의 진수(眞髓)를 널리 펴서 항상 대중(大衆)의 자리를 비지 않게 하였사오나, 본시 전토(田土)가 부족하여 항상 먹을 것의 부족함을 걱정하였더니, 전일에 선후(先后)께서 이를 민망히 여겨 곧 공전(公田)을 베어 주심을 받았습니다. 이로부터 겨우 목숨을 부지하여 몸을 편히 하여 도를 펼 수 있겠다 하였더니, 사신이 처음 와서 군수[軍須, 군수(軍需)]를 판출할 때에 이에 전에 관한 관적(官籍)을 찾아내어 예(例)에 의해 전세(田稅)를 징수하니, 대중은 많은데 먹을 것이 적어 사세(事勢)가 몹시 곤궁하게 되었습니다. 그러나 외국이 신거[宸居, 대궐(大闕)]에 멀어서 하정(下情)이 위에 상달(上達)하기 어려울까 하였더니, 황제 폐하께서 더러운 것도 포용하는 도량을 넓히시고 먼 데를 밝게 보는 밝음을 돌리시어, 신의 성수(聖壽)를 축원한 지 오래된 정성을 알아주시고, 신이 불법을 널리 편 조그마한 공로를 생각하고 새 윤음(綸音)을 내리시어 신에게 옛 전토를 면세(免稅)하여 주셨습니다. 은혜가 이미 보통에 벗어났사온데 감사함을 어찌 잠시라도 잊겠습니까. 신은 감히 정성을 배나 더 바쳐 우러르며 더욱 대중을 권하여 훈수(勳修)하여, 맹세코 포류(蒲柳)의 여생(餘生)을 가지고 춘령(椿櫟)의 오랜 수(壽)를 어찌 공손히 축원하지 아니하오리까.

이 글은 『동문선』〈표전表箋〉에 수록된 것으로, 원감국사가 상대원황제上大元皇帝라고 칭한 인물은 원나라 세조이다. 원감국사와 원 황제와의 인연은 깊다. 그가 충렬왕 1년(1275) 원나라를 방문했을 때, 황제의 환대를 받았다. 당시 황제는 금란가사金襴袈裟와 벽수장삼碧繡長衫, 불자拂子 한 쌍을 하사했다. 당시 원감국사는 원 황제에게 축성祝聖을 맹세한다. 이는 13세기 불교계와 왕실, 원 황제라는 정치적 구도 속에서 고려 왕실과 불교계의 외교적 노림수를 엿볼 수 있다.

순천 송광사에 봉안된 원감국사 진영

고려 왕실은 무신정권의 몰락에 따른 왕정의 복고를 위해 원과의 정치적인 강화가 필요했고, 불교계 또한 교단의 안정적인 보존을 위한 자구책이 필요했던 셈이니 고려나 불교계의 당면 문제를 해결하는 데 원감국사의 역할이 중요했을 것이다.

다승 원감국사의 차와 선

그렇다면 원감국사는 어떤 수행승이었을까. 그는 고려 후기를 대표하는 수행승이자 송광사를 빛낸 고승이었다. 전라도 장흥에서 태어났다. 그의 속명은 위원개魏元凱이다.『고려사』에 수록된 그의 출가 전 행적을 살펴보면, 고종 갑진甲辰(1244)에 예부시禮部試에 장원급제하여 영가서기永嘉書記에 임명된 후 10여 년간 환로宦路에 올랐다. 1254년 원오국사圓梧國師 천영天英(1215~1286)에게 삭발염의削髮染衣 했다. 당시 정치 상황은 매우 어지러웠다. 이런 시대 흐름 속에서도 그의 수행 행적은 돋보인다. 차를 마시며 수행했던 그의 삶은 선종 사찰의 사풍寺風을 짐작할 수 있는데, 이는『원감국사가송圓鑑國師歌頌』에서 확인된다.

그가 차의 아름다움을 노래한 시에는 수행자의 차에 대한 견해가 드러나고, 음다의 정취 등을 읊었다. 특히 최이가 그에게 차와 향을 보냈기에 이를 감사하여 쓴 〈최이崔怡가 차와 향, 시를 보낸 것에 감사하며〔謝崔怡送茶香韻〕〉는 무신정권기 최고의 실세였던 최이와 그의 관계를 엿볼 수 있다. 그 내용은 이렇다.

소나무 위에 걸린 달 곁에 여윈 학이 잠잠히 서 있고　　　瘦鶴靜翹松頂月

송광사 전경

한가한 구름, 고갯마루 바람을 가벼이 따르네 　閑雲輕逐嶺頭風
그 중의 면목은 천 리 밖에서도 한 가지리니 　箇中面目同千里
무엇 하러 새삼스레 편지를 보낼까 　何更新翻語一通

　그는 차를 마시는 수행자의 모습을 담담한 언어로 표현했다. 특히
여윈 학, 소나무, 달, 구름은 불교를 상징하는 선어禪語다. 한편, 이 시
의 협주夾註에는 원감국사와 최이의 관계가 어떠했는지를 짐작하게
하는 내용이 들어 있다.

　마침 최이가 순천 지주사가 되어 편지와 함께 차와 향, 능엄경을 보냈
　다. 사자가 돌아가며 답장을 청했다. 스님은 "나는 이미 속세를 벗어났
　으니 편지는 왕복하여 무엇 하겠는가"라고 하였다. 그러나 그 사자가
　하도 졸라대므로 이 시를 써주었다.
　崔怡爲順天知奏事 以書遺茶香及楞嚴經 使還請報書 師曰 何修書往 使
　强迫之 且以詩贈.

증갱차 등 권력자들의 차 선물 이어져

　이에 따르면 최이는 순천 지주사로 재직할 당시 원감국사에게 차
와 향, 능엄경을 보냈다. 최고의 권력자가 보낸 선물 중에 차가 있었
던 사실이 눈에 띈다. 이는 승려에게 차는 일상용품으로 자리매김 했
다는 것을 드러낸다. 더구나 원감국사는 수행하는 여가에 차를 즐긴
승려였음에랴. 차는 의당 수행자에게 어울리는 선물이었다. 그가 햇
차를 받은 기쁨을 노래한 〈금장대선사가 보내준 차에 감사하며[謝金

藏大禪惠新茶])에서 이런 사실을 은근하게 드러냈다. 그의 다시에 따르면, 송 황실의 공납품인 증갱차가 그에게도 전달되었다.

자애로운 선물에 놀라 햇차를 끓이니	慈貺初驚試焙新
자갈에서 자란 차 싹이라 더욱 진귀하네	芽生爛石品尤珍
평소에는 가루차만 마셨는데	平生只見膏油面
기쁘게도 한 움큼 증갱차를 얻었구나	喜得曾坑一掬春

이 시에는 증갱차曾坑茶를 받은 감회를 잘 드러냈다. 그렇다면 그가 받고 감격했던 증갱차란 어떤 차일까. 증갱차의 생산 지역은 북원北苑이다. 바로 송나라의 황실용 차를 만드는 곳이다. 북원 중에서도 증갱 지역에서 생산하는 차를 최고로 쳤다고 한다. 증갱차를 일명 정배正焙라고도 불렀다. 소식蘇軾(1036~1101)도 "한 줌의 증갱차, 제후에게 공납되는 차로다[曾坑一掬春 紫餠供千家]"라고 노래했다. 이처럼 차를 좋아하던 송대 명사들도 선망하던 증갱차를 금장대선사가 그에게 보낸 것. 그러므로 원감국사가 느낀 감동과 고마움이 컸을 것이다.

물욕을 여읜 수행승 원감국사도 향기로운 차에 대한 열망은 보통 사람과 같았다. 명차는 적체와 피로를 풀어주는 청량제다. 최적의 환경에서 자란 찻잎은 천지의 활활한 기운을 머금었다. 제다의 원리를 환히 알고 있는 삼매三昧의 솜씨여야 차의 순수한 향미香味와 기운을 갈무리할 수 있다. 명차란 화후火候의 조화로 만들어진다. 차의 통쾌한 기운과 시원하고 싱그러운 향미香味는 향상일로向上一路를 실천하는 수행자에게 필요한 물품이다. 그러므로 좋은 차에 대한 원감국사의 동경은 당연한 것이다.

06

임춘林椿과 겸謙상인

고려시대의 차문화는 전기와 후기로 나눌 수 있다. 고려 전기의 차문화와 무신 정권기, 그리고 원 간섭기 차문화의 흐름은 매우 다른 양상을 보인다. 특히 고려 후기에 이르면 관료 문인들이 차의 향유층으로 부상한다.

승려와 차로 교유하는 문인 관료들 등장

고려 후기 문인들은 대부분 차문화를 주도했던 승려들과 교유하였다. 그러므로 사원에서 주관하는 명전茗戰에 참여하거나 귀한 차를 대접받았다. 이런 시대 상황은 임춘林椿(1148~1186)의 〈기차향겸상인寄茶餉謙上人〉에서 확인할 수 있다. 그 내용을 살펴보자.

근래 몽산차 한 움큼을 얻었는데	近得蒙山一掬春
붉은 도장 찍힌 백니차는 색과 향이 싱그럽네	白泥赤印色香新
징심당의 늙은이 명품을 아시기에	澄心堂老知名品
더욱 기이하고 진귀한 자순차를 보냈구려	寄與尤奇紫筍珍

이 시에서 임춘이 말한 겸상인謙上人은 어떤 수행승이기에 송 황실에 공납한 극품의 자순차를 접할 수 있었을까. 겸상인은 고려 왕실과 깊은 관련이 있던 승려로 징심당澄心堂은 그의 당호로 추정된다.

정병삼 교수의 『한국불교사』에는 강종 2년(1213)에 지겸을 왕사王師로 추천하면서, "이규보의 〈정각국사비精覺國師碑〉에 양종오교에서 왕사의 대임을 맡을 자는 지겸밖에 없다고 한 내용이 나온다"고 하였다. 이를 통해 겸상인은 지겸이 아닐까 생각한다. 그러므로 왕사인 지겸이 왕실에서 하사받은 자순차를 임춘에게 보낼 수 있었을 것이다. 그런데 임춘이 겸상인에게서 받은 몽정 자순차는 송 황실용 어원에서 생산되는 귀품의 차이다. 이런 차를 접할 수 있는 계층은 고려 왕실이나 혹은 송 황제와 관련이 있는 수행승이다. 왕실은 송 황실에서 보낸 극품의 차를 승려에게 하사한 사례가 있고, 고려 승려 중에는 송 황제가 특별히 하사하는 차를 받은 경우도 있다. 따라서 지겸은 왕실로부터 공양받은 차를 임춘에게 보냈기 때문에 붉은 도장이 찍힌 백니白泥차였던 셈이다.

겸상인에게 백니차 선물 받은 임춘

그렇다면 임춘이 받은 백니차란 무엇일까. 이는 12세기에 유행했던 연고차研膏茶로, 하얀 차 거품이 나는 백차를 말한다. 백차는 황실 어원에서나 생산되는 귀중한 차다. 뛰어난 맛과 향으로 차 중의 차로 존칭되는 최고품의 차이다. 이런 차로는 송 황실에서 하사된 것 이외에 고려에서 생산한 차도 있다.

임춘은 지겸이 수행이 깊고 차에도 밝았다는 점을 재차 언급하였다. 바로 그의 〈희서겸상인방장戱書謙上人方丈〉에서다. 이 시는 임춘의 『서하집』 권2에 수록된 것으로, 12세기 사원의 음다 풍모를 가장 잘 드러낸 시라고 할 수 있다. 수행자로서의 지겸의 인품과 품격을 이렇게 노래했다.

12세기 문인 임춘의 시 〈희서겸상인방장〉이 수록된 『서하집』 2권.
수행이 깊고 차에 밝았던 지겸 스님의 면모가 잘 드러나 있다.

뛰어나신 겸공은 총림에서도 으뜸이시라 　謙公俊逸叢林秀

고결하고 꼿꼿한 모습, 맑고 또 여위었네 　玉骨巉巉淸且瘦

부처님의 가풍이 설두에게 전해져 　佛祖家風傳雪竇

수행하시는 곳, 문득 사자후가 들리네 　踞地便聞師子吼

잠잠히 선정에 들어 입을 닫은 채 　默坐澄心牢閉口

공이나 유(有)를 더는 말하지 않지만 　不復談空還說有

올곧은 늙은 방거사가 　自知龐蘊一狂叟

이따금 참선하러 와서 머리를 조아리네 　往往參禪來稽首

오랫동안 술을 금한 서당을 비웃었더니 　祇笑西堂長禁酒

贈皇甫若水

早聞風烈盛貞元　幾業傳爲學士門　文變唐今
掃地天敎安定世　生孫扶持正道韓公後破黙諸
家孔氏尊鼻祖有靈應自喜高才眞箇入吾籓
李眉叟嘗以言語爲戒作詩戲之

阮籍能愼黙　是非口不論　時有禮法士疾之如讎
完子畝眞寡辭　對客唯寒暄　亦被顧辟疆面數驅
出圍平生好藏否　誰似郭大原　名德高一代不見
人排根令君嗜玄虛　豈非李耳孫　超然自傲俗喜
怒不形言　更學維摩詰　聞不二門噫吾未愼口

林西河集卷之二

出語如瀾翻　譃子曰相對　便覺已之煩　但恐終此
生雖悔吉可捫　有咳謹三尺　欲吐却須吞陽痛近
可學必招誘　說喧酒狂要似盍目擊何希溫眞作

寄茶餉謙上人

不鳴鴈以智免烹燔

近得蒙山一掬春　白泥赤印色香新澄心堂老知

내게 삼매의 솜씨로 차 내는 걸 뽐내는구려	誇我點茶三昧手
돌솥에 물 끓는 소리	石鼎作聲蚯蚓叫
물고문 당할 객을 구할 이 누군가	客遭水厄誰能救
일만 전으로 한 말 술을 산 것과는 같지 않지만	不似十千沽一斗
조금 진한 제호 같은 차, 감로보다 향기롭구려	醍醐微濁甘露厚
다시 묻노니, 고승께서도 (이것을) 마실는지	且問高僧飲此否

12세기 사원의 음다풍

이 시는 7언 율시로, 16구로 구성되어야 한다. 그런데 현재 남아 있는 시구는 15구만 전해진다. 실제로는 1구가 망실된 것이다. 그러므로 시의 전체 뜻을 파악하기에는 다소 무리가 있지만 12세기 사원의 음다풍을 파악하기에는 충분하다.

이 시에서 임춘은 자신이 찾아간 겸스님이 총림에서도 우뚝한 고승으로 명망을 지닌 수행자라고 했다. 공과 유무에 회통한 수행승으로 묘사했고 차를 다루는 솜씨가 뛰어난 스님이라 하였다. 나아가 겸스님의 불교계 위상을 짐작하게 하는 대목으로 '겸상인방장'이란 표현이 나온다. 이는 겸스님이 방장으로 추앙받는 고승이었음을 드러낸다. 이렇듯 임춘은 지겸을 존경했지만 실제로 왕사로 추대된 건 1213년이었지만, 임춘은 지겸이 왕사에 오르는 걸 보지 못했을 것으로 추정된다. 임춘은 지겸 상인에 대해 방거사도 예를 갖추는 수행승으로 묘사하였다. 그렇다면 방거사(?~808)는 어떤 인물일까. 바로 당대唐代 형영 출신으로 석두石頭에게 나아가 공부함으로써 선지禪旨를 깨우친 선각자로 알려진 인물이다. 그의 이름은 온蘊이며 도현道玄이란 자를 썼다. 방거사처럼 도가 높은 수행자도 겸상인을 찾아와 머리를 조아려 예를 표한다는 것이니 겸스님의 수행력을 에둘러 표현한 것이라 하겠다.

임춘의 삶과 다시

임춘의 이 시는 당시 차문화 형성에 영향을 미친 계층이 승려였음을 거듭 확인해준 자료라 할 수 있다. 임춘은 어떤 삶을 살았던 인물일까. 한마디로 그의 삶은 울분과 실의, 가난으로 점철되었다. 한때 그는 문인으로 이름을 날리던 시절도 있었지만 무신정권이 들어서자 혹독하게 정치적 탄압을 받았다. 고려 건국에 공이 있어 대대로 공음전功蔭田의 은택을 입었던 가문이지만 무신정권이 들어선 뒤 이마저 탈취를 당하고 겨우 목숨을 부지한 채 타향을 떠돌며 불우한 생을 살았다. 한때는 이인로 등과 죽림고회竹林高會를 결성, 시와 술을 즐기며 무신정권기의 불만을 토로하고 세상을 탄식하기도 하였다. 이런 고난의 세월을 보내던 그에게 물심양면으로 도움을 준 건 그와 교유했던 승려들이었다. 특히 요혜了惠 수좌는 가난한 그에게 양식을 보내 위안을 주었다. 이는 그의 〈요혜가 양식을 베풀어 줌을 사례하며謝了惠首座惠糧〉에서 확인된다. 그 일부를 살펴보자.

오늘 아침 문 두드려 새벽잠을 깨우더니	今朝打門驚周公
좋은 쌀 몇 곡을 가득 얻었네	乞與長腰盈數斛
서둘러 아낙 불러 쌀을 씻어서	急呼爨婦甑洗塵
옹기 솥에 안치니 막 밥이 익는구려	厚埋飯甕炊方熟

허리끈 풀고서 배불리 밥을 먹고	緩帶甘湌若塡塹
일곱 잔 좋은 차를 가득 마시자	七椀香茶飮更足
솔솔 맑은 바람이 겨드랑이에서 일어나	習習淸風兩腋生
이 세상 벗어나 하늘을 나는 듯하구나	乘此朝眞謝塵俗

임춘은 무신의 난을 만나 개경에서 5년간 은둔하다가 영남으로 피신하여 타향을 떠돌고 다시 개경으로 돌아왔다. 바로 과거 준비를 위함이었다. 이 무렵 그는 경제적으로 어려움을 겪던 시기였다. 이때 요혜 수좌가 그에게 식량을 보내주었던 듯하다. 이에 대한 그의 감개를 짐작할 수 있는 대목은, 바로 급하게 아낙을 불러 밥을 짓게 하고 허리끈을 풀어 제치고 배불리 밥을 먹는 모습을 표현한 대목이다. 이어 차를 즐긴 그의 모습을 그림처럼 그려내어 곤궁한 삶 속에서도 차를 즐긴 일상을 서술하였다.

그가 시 말미에서 "일곱 잔 좋은 차를 가득 마시자, 솔솔 맑은 바람이 겨드랑이에서 일어난다"고 한 표현은 당나라 노동의 〈주필사맹간의대부신차走筆謝孟諫議大夫新茶〉에서 영향을 받은 것이다. 노동의 이 다시는 흔히 〈다가〉 혹은 〈칠완다가〉라고도 한다. 차를 마신 후에 몸과 마음에 나타나는 변화를 가장 아름답고 정확하게 서술한 것으로, 중국뿐 아니라 한국이나 일본의 차문화에도 큰 영향을 미쳤다. 노동은 〈칠완다가〉에서 "첫 잔은 입술을 적시고[一椀喉吻潤] / 둘째 잔은 괴로운 고민을 없애고[兩椀破孤悶] / 셋째 잔은 거친 마음 헤치니[三椀搜枯腸] / 오천 권의 문자가 있을 뿐이라[唯有文字五千卷] / 넷째 잔은 가볍게 땀이 나고[四椀發輕汗] / 다섯째 잔은 몸을 가볍게 하고[五椀肌骨輕] / 여섯째 잔은 신령한 신선과 통하며[六椀通仙靈] / 일곱째 잔은 마

시지도 않았는데[七碗吃不得也] / 겨드랑이에서 스멀스멀 바람이 이는
걸 느끼겠네[唯覺兩腋習習淸風生]"라고 노래했다. 실제 좋은 차를 끓여
마시면 몸과 마음이 가벼워지는 변화를 느낀다. 더구나 어려운 시절
을 감내했던 임춘에게는 차의 공력이 더욱더 절실했을 것이다.

제4장

왕실과 유학자들의 차문화

01

임금이 직접 찻잎 갈아 부처님께 공양

후삼국으로 분열되어 혼란했던 정치 환경을 극복하고 고려를 건설했던 왕건은 국가의 안정과 번영을 이룩하고자 하였다. 이에 고려는 유교를 정치 이념으로 삼고, 불교를 적극적으로 수용하여 민심을 수습함으로써 국가 안정과 번영을 꾀하고자 했다.

선종 흥성이 차문화 발전 견인

선종은 고려 건국 이후 왕실의 후원 아래 안정적인 기반을 확보하여 교단의 중심 세력으로 부상하였다. 구산선문九山禪門의 형성은 고려 초기 선종이 불교 교단의 중심 세력으로 부상할 수 있는 계기를 만들었다. 이처럼 불교계가 당면했던 시대 환경은 정치, 경제, 사회, 문화로 불교의 영향력을 확산시킨 동력이었다. 아울러 차문화가 역동적으로 발전할 수 있었던 토대를 마련한 셈이다. 그러므로 고려시대 차문화가 어느 시대보다 아름답게 꽃피울 수 있었던 배경에 불교의 흥성이 있었다 해도 지나친 말은 아니다. 더구나 왕실의 후원과 사원의 넉넉한 경제력 또한 차문화가 발전한 요인이다. 고려시대 차문화가 송나라와 비견되는 질 높은 차를 생산할 수 있었던 것도 불교의 흥성 때문이다. 물론 관료 문인으로 확산된 음다 풍속은 그들의 문예적인 안목이 더해져, 한층 격조 있는 차문화를 형성할 수 있었던 요인이라 하겠다. 결국 고려시대 차문화의 형성은 명차와 찻그릇의 완성에 있다. 고려 색채를 함의한 청자 찻그릇을 독자적으로 완성하

청자 찻그릇

는 한편, 고려 자체적으로 명차를 생산했다는 점에서 괄목할 흔적을 남긴 시대였던 것이다. 차문화의 흥망성쇠에 영향을 미칠 변수로 하나둘만 거론하기는 어렵다. 그러나 불교의 성쇠盛衰가 차문화의 발전과 쇠락에 지대한 영향을 미친 것도 사실이다. 따라서 고려시대의 차문화는 정치적인 환경뿐 아니라 풍요로운 경제적 조건, 차를 애호했던 계층의 안목이 어우러져 이룩한 것이라 하겠다. 그리고 고려시대 차문화에서 간과할 수 없는 점은 차를 향유하며 문화적인 토양을 풍요롭게 했던 문인의 지적 수준이나 안목의 반영에 있다는 점이다.

국가 행사에 차 올리는 의례 규정

고려 왕실은 연등회, 팔관회 등을 개최하여 불교를 중심으로 나라의 응집력을 결집하려 하였다. 이것은 943년에 지은 〈훈요십조〉에서 잘 드러난다. 특히 〈훈요십조〉 제1조는 태조의 불교에 대한 입장을 나타낸 것이며, 제6조는 팔관회 및 연등회 등 불교 행사에 대한 태조의 소망을 드러낸 것이다. 왕실에서 주관한 팔관회, 연등회에 차 올리는 의례 절차가 있고, 공덕재 같은 국가 의례에서 부처님께 올리는 중요한 공양물이 차였다. 이러한 정황은 〈훈요십조〉 6조에도 서술되어 있다. 그 내용은 다음과 같다.

> 그 여섯 번째, 내가 원하는 바는 연등과 팔관이다. 연등(燃燈)은 부처를 섬기는 것이요, 팔관(八關)은 천령(天靈) 및 명산(名山)·대천(大川)·용신(龍神)을 섬기는 것이다. 후세의 간신들이 가감(加減)할 것을 건의하여 아뢰면 금단(禁斷)하라. 나 또한 당초에 마음으로 맹세하기를, 팔관과

연등회가 열리는 날에 국기를 범하지 않고 군신이 동락하여 공경히 거행하라 하였다.

其六曰, 朕所至願, 在於燃燈八關, 燃燈所以事佛, 八關所以事天靈及五嶽名山大川龍神也. 後世姦臣建白加減者, 切宜禁止. 吾亦當初誓心, 會日不犯國忌, 君臣同樂, 宜當敬依行之.

이처럼 태조는 연등회와 팔관회 등 불교 의례의 중요성을 강조하여 "내가 원하는 바는 연등과 팔관이다"라고 할 정도였다. 그러므로 왕과 백관들이 친히 사원에 나아가 이 행사에 참여하는 것은 당연한 일이다. 그런데 연등회와 팔관회의 행사 성격은 조금 다르다. 연등이 부처님을 섬기기 위한 불교 행사라면, 팔관회는 하늘과 명산, 대천, 용신에게 올리는 의례였다. 특이한 점은 팔관회에는 용, 봉황, 말, 코끼리를 탄 화랑이 등장하고 사선악부四仙樂部가 뒤따른다는 것이다. 코끼리는 불교를 상징하는 것이며, 사선은 영랑, 술랑, 남랑, 안상을 말하니 고려는 신라의 전통 사상을 잇고 있었던 것이다. 나아가 팔관회에서는 태조의 진전眞殿과 역대 국왕을 참배하는 의식도 거행되어, 고려는 불교 행사뿐 아니라 화랑 사상과 제천 의식, 조상 숭배를 국가 행사로 채택했다는 것을 알 수 있다.

왕이 직접 차 갈아 공양하기도

고려시대에는 또 국가 행사 규모의 불교 행사로 팔관회, 연등회는 물론 공덕재, 수륙재, 무차회 등 여러 종류의 불교 행사를 거행하여 민심을 규합하고 사회적 통합을 도모하고자 하였다. 이들 왕실 행사

는 국가와 왕실의 권위를 백성에게 드러내기 위한 것이다. 특히 공덕
재를 거행하면서 왕이 직접 차를 갈아 부처님께 올렸다. 그 폐단을
지적한 사람은 최승로崔承老(927~989)였다. 그의 〈시무 28조〉 가운데
제2조에 차와 관련된 내용이 나온다.

> 짐짓 듣건대 성상께서 공덕재를 베풀기 위해 혹은 몸소 차를 갈고 차
> 싹을 연마한다고 하오니 신은 성체가 피로해지심을 매우 애석하게 생
> 각합니다. 이 폐단은 광종 때부터 시작된 것이니 남을 헐뜯는 말을 믿
> 고 죄 없는 사람을 많이 죽이고는, 불교의 인과응보설에 미혹되어 죄
> 업을 없애고자 백성의 고혈을 짜내어 불사를 일으킨 것이 많았습니다.
> 竊聞聖上 爲功德齋 或親碾茶 或親磨麥 臣愚深惜聖體之勤勞也 此弊始
> 於光宗 崇信讒邪 多殺無辜 惑於浮屠果報之說 欲除罪業 浚民膏血 多作
> 佛事.

이 글은 성종 1년(982) 정광행선관어사상주국正匡行選官御事上柱國으
로 재직하던 최승로가 올린 상소문이다. 성종 1년 6월에 경관 5품 이
상자들에게 시정 득실을 논하는 봉사封事를 올렸다. 이때 최승로가
〈오조치적평五朝治績評〉과 〈시무 28조〉를 올린다. 그의 〈오조치적평〉
은 태조, 혜종, 정종, 광종, 경종의 치적을 평한 글이며, 〈시무 28조〉
는 성종이 이루어야 할 정치 개혁을 28조의 조목으로 분류하여 최승
로의 정치적 입장을 밝힌 상소문이다. 그의 〈시무 28조〉에는 지나친
왕실의 불교 비호나 불교 행사로 인한 폐단을 비판한 내용들이 포함
되었다. 차와 관련된 것은 제2조의 내용 중에 들어 있다.

화려해지는 제다와 차 의례의 병폐 나타나기도

　무엇보다 성종이 공덕재를 베풀기 위해 몸소 차를 갈았다는 것은 무슨 의미일까. 당시 차는 선진문물이라는 인식이 강했고 왕의 권위를 상징하는 하사품으로 쓰였다. 10세기 말은 병차餠茶(일명 떡차)의 제다법이 더욱 발전되어 단차團茶를 생산할 무렵이다. 단차를 만드는 공정은 당대에 만들었던 병차보다 수많은 노동력을 요구했다. 다시 말해 병차는 찻잎을 따서 증기에 찐 후, 찐 찻잎을 절구에 찧어서 틀에 찍어내면 완성되는 것이지만 단차는 찻잎의 크기라든지 차를 만드는 과정이 더욱더 세밀하며 제다 공정도 추가되었다. 한 잔의 차를 마시기 위해 다마茶磨(차 맷돌)나 다연茶碾에 갈아 가루를 만들어야 했다. 그러니 섬세하고 고운 가루차를 얻기 위해 왕이 몸소 차를 가는 번거로움을 감수해야 했다. 최승로의 우려는 결국 통치에 몰두해

다연. 항주박물관 소장

야 할 왕이 친히 차를 가는 것은 왕의 처신으로는 불합리한 일이라고 지적한 것이다. 물론 왕이 친히 차를 갈아 부처님 전에 올리는 공덕은 왕 자신에겐 소중한 일이다. 그러나 국가 대사를 염두에 두어야하는 것이 군주의 덕목이란 점을 지적하였다. 또 다른 측면으로, 화려해지는 불교 의례로 인해 민폐가 야기될 수밖에 없었던 점을 우려한 것이리라.

제다의 고급화와 정밀화로 차농의 고통은 가중

공덕재를 베풀기 위해 성종이 갈았던 차와 맥麥은 어떤 차를 말하는 것일까. 아마도 차는 맥보다 큰 싹으로 만든 차로 여겨진다. 먼저 맥麥은 맥아麥芽를 의미한다. 맥아는 최고급 차를 만드는 여린 차 싹이니, 모양이 보리 알처럼 작디작은 여린 차 싹을 말한다.

차에 타물他物을 넣지 않고 순수한 찻잎으로만 차를 만든 것은 8세기 이후이다. 바로 육우陸羽가 병차를 만든 후 점차 죽순처럼 생긴 여린 싹, 혹은 일창一槍만을 사용하여 고급차를 만들었다. 맥아는 육우가 말한 "죽순 같은 차[茶之芽者]"보다는 작고 여린 차 싹이다. 11세기에는 맥아보다 더 여린 차 싹으로 용봉단차를 만들었고, 12세기에 이르면 이보다 더 정밀하게 만든 소용봉단과 밀운용密雲龍 등이 등장하였고, 12세기 송 휘종 때 최고급 백차白茶가 유행하였다. 이는 채다 시점과 제다법이 더욱더 정밀해졌음을 의미한다. 이런 차에는 상대적으로 많은 노동력이 요구된다. 따라서 이런 최고급 차를 만들던 송대나 고려시대처럼 차문화가 화려하고 정밀함을 선호했던 시기에는 차를 만들기 위한 백성의 고통이 상대적으로 컸다. 이런 연유로 고려

어린 차 싹

후기에 이르면 차가 백성의 원성을 야기하는 결과를 가져왔다.

신라 때부터 차는 왕의 하사품

고려시대 차는 왕실 귀족이나 수행승, 관료 문인의 전유물로, 왕의 하사품이었다. 처음으로 차를 하사한 사례는 신라 경덕왕 19년(760)이다. 당시 두 해가 나타나 열흘 동안 사라지지 않았는데, 월명 스님[月明師]이 〈도솔가〉를 짓자 즉시 괴변이 사라졌다고 한다. 이에 왕은 월명에게 "품차 일습을 하사하고 108 수정 염주를 내렸다(賜品茶一襲 水精念珠百八)"고 하는데, 이는 『삼국유사』〈감통〉에서 확인된다. 고려시대 차를 하사한 예는 『고려사』〈세가, 태조 2〉에 보인다. "태조 14년(931)에 … 군민에게 차와 복두를 내리고 승려에게 다향을 각기 차등 두어 내렸다[太祖十四年 … 軍民茶幞頭 僧尼茶香有差]"라고 하였다. 복두는 관모 같은 모자를 말한다. 그러므로 고려 초, 차와 관련된 모든 물품은 왕이 군민이나 승려에게 하사한 귀중품이었다.

임금님이 내려준 귀한 차들

『삼국유사』〈감통感通〉에 "경덕왕 19년(760), 왕이 월명 스님에게 품다일습品茶—襲을 하사했다"는 기록이 나온다. '품다일습'은 차를 끓일 때 필요한 다구茶具 일체를 말한다. 8세기의 차문화는 아직 귀족 사회에 안착하지 못한 채 당나라의 음다 행태를 모방하는 데 그쳤다. 그러기에 월명 스님이 왕에게 받았던 다구일습이란 당나라에서 만든 다구일 것이라 여겨진다.

당나라에서 다구와 차문화 유입

8세기 무렵 중국의 차문화는 육우가 제다법과 탕법을 획기적으로 개량하여 이에 따른 다구가 출현했던 시기다. 그의 『다경』에는 차를 끓일 때 소용되는 여러 가지 다구들에 대한 자세한 언급이 있다. 풍로, 복鍑, 연碾, 소금 담는 그릇, 숙우, 완, 표주박, 솥, 체 등이 그것이다.

그런데 760년경은 육우가 저산에 머물며 차 연구에 매진하던 시기로, 저산에서 수행하던 선종 승려 교연에게 영향을 받았다. 육우가 차문화를 집대성할 수 있었던 배경에 선종이 있었던 셈이다. 교연과 차를 품평하며 육우는 더욱더 깊은 차의 심연을 터득해 나갔던 것이다. 이런 사실은 교연의 〈구일 육우와 차를 마시며[九日與陸處士羽飮茶]〉에서 확인할 수 있다. 그 내용은 이렇다.

> 9일, 산승의 암자엔
> 동쪽 울타리에 노란 국화 활짝 피었네
> 속인들은 흔히 (국화를) 술에 띄우지만
> 누가 (국화 향을) 빌려다가 차향을 더할까
> 九日山僧院 東籬菊也黃 俗人多泛酒 誰借助茶香

이 글에 따르면, 천지에 양기가 가득한 중양절(3월 3일, 9월 9일), 특히 황국이 피는 9일에 육우를 불러 차를 즐겼음을 알 수 있다. 이를 통해 묘희사에는 국화를 심었고, 노란 국화가 만개할 때 뜻 맞는 벗을 불러 차를 즐겼던 정황이 드러난다. 아울러 국화를 띄운 술을 마시며 승경을 만끽했던 당시의 풍습도 알 수 있다. 동쪽 울타리에 황국을 심고 즐기는 풍습은 동진東晉 때 도연명陶淵明(365~427)에게서 유래되었다. 이상적인 선비의 삶을 살았던 그의 삶은 후일 수 많은 문인들이 이상적인 삶으로 동경하였다.

알려진 바와 같이 우리나라의 차문화는 6세기 말에서 7세기에 중국에서 들어와 9세기에 이르러 왕실과 귀족층, 수행승 등으로 퍼져

강세황의 〈국화도〉

나갔다. 『삼국사기』의 "(흥덕왕) 3년(828) 겨울, 12월 … 차는 선덕왕(재위 780~785) 때부터 있었지만 이때부터 성행하였다[茶自善德王有之 至於此盛焉]"라는 기록이 이를 뒷받침한다.

10세기 무렵부터 고려차 하사

차문화 유입 초기, 차는 귀중한 물품으로 인식되었다. 그러므로 부처님의 공양물로 쓰였고 왕의 권위를 상징하는 물품으로 활용되었다. 나라에 공 있는 신하에게 차를 하사하여 군신 간의 신의를 결속했으며, 80세 이상 노인에게도 차를 하사하여 원로와 노인을 우대하고 보호한다는 통치 윤리를 반영하는 도구로도 활용되었다. 고려 건국 이후, 왕이 차를 하사하는 범위가 넓어져 제도적인 규범이 만들어지는 경향을 보인다. 왕이 하사한 차의 종류도 다양해져 고려에서 생산된 차와 송 황실에서 보낸 용봉단을 차등을 두어 하사했는데, 이는 『고려사』, 『고려절요』에서 확인된다. 『고려사』〈성종成宗〉조에 "9년 겨울 10월 갑자에 서도西都를 행차하여 교教를 내렸다[9年冬十月教曰]"고 하고 이어 "(벼슬이) 3품 이상인 자는 차 10각, 9품 이상은 차 5각[三品以上者 茶十角, 九品以上 茶五角]"을 내렸고, 또 "어머니와 처의 나이가 80세인 사람, 3품 이상은 차 2근, 5품 이상은 차 1근을 하사했고, 9품 이상은 차 2각을 내렸다[母妻年八十者三品以上茶二斤 五品以上茶一斤 九品以上茶二角]"라고 한 점이다. 성종 9년은 서기 990년이다. 당시 고려의 차문화는 왕실 귀족과 수행승, 관료 문인들에게 어느 정도 퍼져 있었지만, 차를 넉넉하게 즐기진 못했을 것이다. 한반도의 차나무 재배 환경의 제한성 때문에 풍족하게 차를 향유하기 어려웠던 것이다. 하지만 9세기에 차 씨를 들여와 자급자족을 시도했다. 이를 뒷받침한 이론과 기술력을 가진 계층은 도당구법승이다. 따라서 10세기에 고려에서 생산된 차를 하사했을 것으로 생각한다.

차의 단위인 '각'과 '근'

10세기에 하사한 차의 무게는 각角과 근斤으로 표시하였다. 바로 각은 덩이차[餅茶]의 무게를 표시하는 단위이다. 9세기 일본 승려 엔닌圓仁의 구법 순례기인 『입당구법순례행기』에 "(신라 통역관) 유언신이 세차 10근과 잣을 보내주었고[劉信言 細茶十斤 松脯贈來]"라는 내용이 보인다. 세차는 여린 잎으로 만든 덩이차이다. 차의 무게를 근으로 표시하였다. 각은 덩이차(병차)의 단위이고, 대용봉단은 8편을 1근으로 표기했고 소용봉단은 20편을 1근으로 표기했다. 그러나 13세기 이후 차의 무게는 각과 근을 혼용하여 사용하였다.

10세기에 유행했던 차의 종류는 무엇일까. 바로 병차餅茶(일명 떡차)였다. 병차의 제다법은 육우가 만든 획기적인 제다법으로 10세기까지도 병차가 대세였다. 그의 제다 공정을 살펴보면, 먼저 시루에 찻잎을 넣어 증기로 쪄낸다. 다시 찐 찻잎을 식혀 절구에서 찧어낸 후, 틀에 넣어 성형한다. 방형方形, 원형圓形, 화형花形 등으로 만들어 약한 불에 건조한다. 이 무렵 차를 끓이는 방법은 자다법煮茶法으로, 약한 불에 차를 구워 연碾에 갈아 가루로 만든다. 끓은 물에 가루차를 넣어 끓이는데, 소금을 첨가하여 거품과 우려진 말발을 떠서 마시는 방법이었다.

왕실과 사원의 차 공급지, 다촌과 다소

고려 초기인 10세기에는 이런 병차를 즐겼을 것이다. 고려 왕실의 차 수요를 감당하던 곳은 다촌茶村, 다소茶所이다. 다촌의 형성 초기엔 차를 만드는 공소公所가 사원을 중심으로 만들어졌음은『통도사사리가사사적약록通度寺舍利袈裟事跡略錄』에서 확인된다. 이 자료에 드러난 다촌은 다음과 같다.

> 북쪽 동을산 다촌은 곧 차를 만들어 절에 올리던 곳이다. 차를 만들어 올리던 곳에는 차밭과 샘물이 있었다. 지금에도 오히려 없어지지 않고 남아 있다. 후인이 차를 만들던 마을이라고 하였다.
> 北冬乙山茶村乃造茶 貢寺之所也. 貢寺茶田茶泉 至今猶存不泯 後人以爲茶所村也.

이 글에 따르면, 통도사 북쪽에 동을산이 있다. 이곳을 중심으로 다촌이 형성되었고 통도사 다촌이 있었다고 추정하는 폐사지에는 차밭과 샘물이 남아 있었다는 것이다. 물은 차를 만들 때 반드시 있어야 할 필수조건이다. 그런데 통도사박물관 소장본인『통도사사리가사사적약록』은 1642년에 필사한 것으로, 고려시대 통도사의 토지 경제 및 비보裨補 등을 살필 수 있는 자료이다. 아울러 17세기까지 통도사에 있던 고려시대 다촌茶村이 어떻게 형성되었는지를 가늠할 자료이다. 고려시대 사찰에서는 사원에 필요한 차를 자체적으로 생산 공급하는 체계가 전문화된 다소茶所 형태로 운영되어 고려시대 차문화를 사원과 승려들이 주도했던 배경을 밝힌 사료라 하겠다.

다소는 차를 만드는 기술력이 특화된 전문 인력을 확보한 차를 만들던 공소公所이다. 초기 다소의 기술력을 제공한 그룹은 차에 밝은 승려들이었을 것으로 추정된다. 한편, 차 산지에 다세茶稅가 부과되면서 관청이 다소의 관리뿐 아니라 차의 출입出入을 관리했을 가능성이 크다.『세종실록지리지』에 전라도, 경상도 등 토공土貢으로 차를 올리던 지역을 기록해 두었다. 이로써 고려 때부터 시행하던 제도, 즉 차 산지에 부과되는 다세茶稅가 조선이 건국된 이후에도 부과되었음을 알 수 있다.

앞서 언급한 바와 같이 고려시대에는 차를 왕의 하사품으로 활용하였을 뿐만 아니라, 차를 끓일 때 사용하는 다포茶布를 차등을 두어 하사하기도 하였다.『고려사』〈현종〉 조에 "현종 9년(1018) 2월 무진에 해노 이군 교위선두 이하에게 다포를 차등을 두어 하사했다[顯宗九年 二月戊辰 賜海弩二軍 校尉船頭以下 茶布有差]"라고 한 기록이 그것이다. 다포茶布는 찻그릇을 덮는 데 쓰는 물품이거나 혹은 찻그릇을 닦을 때 쓰는 베로 만든 다건茶乾 류가 아닐까 생각한다.

고려가 만든 최고급 단차, 뇌원차

11세기 왕실에서는 높은 관리에게 뇌원차腦原茶를 하사하였다. 뇌원차는 이 시기에 생산된 최고급 단차團茶이다. 단차는 병차보다 그 제다법이 훨씬 정밀하다. 차 싹도 응조鷹爪, 죽순처럼 여리고 여린 차 싹으로 만든다. 11세기 송나라에서는 정위에 의해 대용봉단大龍鳳團이 만들어진 후, 채양蔡襄이 소용봉단小龍鳳團을 만들어 연고차硏膏茶시대를 열었다. 그러므로 송과 교류가 왕성했던 고려에서도 뇌원차를 생산하여 하사품으로 내렸던 것이다.

고려시대 왕이 차를 하사한 사례로『고려사』〈제신상諸臣喪〉조에 다음과 같은 기록이 보인다.

　　성종 6년(987) 3월에 내사령 최지몽이 죽자, 왕이 부음을 듣고 애도했
　　으며 차 200각을 보냈고, 8년(989) 5월 수지중 최승로가 죽자, 왕이 애
　　도하는 교지를 내려 그 공훈을 포상했는데, 뇌원차 200각 대차 10근을
　　하사했다. 14년(995) 4월, 평장사 최양이 죽자, 뇌원차 1,000각을 보냈
　　고, 목종 원년(998) 7월 내사령 서희가 죽자, 뇌원차 200각, 대차 10근
　　을 보냈고, 7년(1005) 6월 시중 한언공이 죽자, 차 200각을 하사했다.

11세기에 고려에서 생산한 차는 중국의 모방에서 벗어나 고려의 자연환경에서 자란 찻잎으로, 고려인의 이상을 담아낸 차로 발전시켜 뇌원차, 대차 같은 차품을 완성했다. 아울러 차의 긍정적인 활용도 공이 있는 신하나 원로에게 하사하여 이들의 공을 위로하는 한편 나라를 위해 공이 있는 신하의 마지막 길을 위로하는 부의품으로도 하사되었다. 차는 군신君臣간의 신의를 상징하던 물품이었다는 점에서 고려시대 차가 함의하고 있는 의미를 짐작하게 한다.

고려시대 문인들의 차생활

고려시대 차문화를 주도한 그룹 중의 하나가 관료 문인들이다. 이들은 차를 향유하는 즐거움과 차의 고결한 가치를 서정적이며 철학적인 어휘로 표현하여 고려시대의 차문화를 풍성하게 만들었다. 이들의 차에 대한 찬미는 대개 시로 표현되어 문집이나 『신증동국여지승람』 같은 문헌에 수록되어 있고 그 시기도 12~14세기로 편중된 경향을 보인다.

고려 문인들 다시 많이 남겨

13~14세기는 무신정권의 득세와 몽골의 침략을 겪던 시기이다. 대몽항전 시기는 1231년부터 30여 년간이나 지속되었다. 이 시기 국가는 풍전등화에 놓인 상태인데도 고종 19년(1232)에 최우가 강행한

초의선사의 〈16나한도〉 중 〈6〉, 차를 달이는 광경

강화 천도는 왕실을 지킨다는 명분을 내세웠다. 그러나 백성들의 고통은 클 수밖에 없었다. 최고 권력자 최우는 많은 반대 세력을 억누르고 천도했지만 고려 왕실에 몽골의 재침을 방어할 여력은 없었다. 그런 위란의 상황에서도 최우의 사치는 식을 줄 몰랐다. 임시 천도 지역인 강화에서도 저택과 사원을 짓고 팔관회와 연등회를 호화롭게 열었으니 왕족이나 귀족들은 백성의 고통엔 관심이 없었던 셈이다. 한편 고려 왕실이 다시 개경으로 환도(1270)한 후 무신정권은 몰락하지만, 원의 지배하에 몽고풍이 유행하였다. 따라서 고려시대 차문화는 13세기 후반 원의 지배를 받기 이전의 상황을 살펴보는 것이 더 유의미한 일이라 생각한다.

박금천 찻물에 사람들 줄지어

12세기 말에서 13세기 초의 인물인 김극기(?~1209)가 남긴 다시茶詩에는 그가 승려들과 교유하며 차를 즐긴 문회文會가 서술되어 있다. 그의 시는 격조가 맑으며 내용이 풍부하다는 평가를 받았다. 그는 무신정권 시기의 사대부로서 왕실의 안위와 백성을 걱정하는 한편 전원으로 돌아가려는 의지를 보인다. 이는 정치적인 혼란기에 사대부의 처신을 드러낸 것이라 하겠다.

그가 지은 〈박금천薄金川〉은 평양부에 위치했던 샘물을 읊은 시이다. 이 물이 차를 달이기에 좋아 온종일 사람들로 장사진을 이룬다고 하였다. 당시 찻물의 중요성을 이해했던 고려인의 차에 대한 수준을 살펴볼 수 있는 자료이다.

한 줄기 날 낸 샘물, 처음 발원한 곳	一道飛泉始發源
인가가 끊어진 유산의 뿌리라	紅衢斷處乳山根
달고 서늘한 기미가 차 달이기에 적당하여	甘凉氣味宜烹茗
힘들게도 도성 사람들이 떠들썩하게 길어가네	苦被都人汲引喧
이 물은 어느 곳에서 발원한 것인가	一水來從何處源
유산 아래 흰 구름 피어나는 바위라	乳山山下白雲根
차를 달이려고 곳곳에서 서로 길어 가니	試茶處處人相汲
오가는 사람들로 온종일 시끄럽네	人去人來盡日喧

이 글은『신증동국여지승람』권51 〈평양부〉에 수록되었다. 13세기경 평양부에는 차를 아는 이가 많았던지 박금천 물을 길어가기 위해 하루 종일 오가는 사람들로 분주했다. 물은 차를 즐기기 위한 핵심 요소이다.

육우의 20탕품

실제 차에 알맞은 물을 가늠하는 능력은 차인이 갖춰야 할 필수 덕목이다. 왜냐하면 사람의 몸과 마음을 평탄하게 해주는 차의 본질은 물에 의해 드러나기 때문이다. 당나라 육우陸羽가 20여 종의 찻물을 정의했던 연유도 여기에 있다. 육우는 찻물의 기준인 '이십탕품二十湯品'을 다음과 같이 정의했다.

육우가 물의 등급을 말한 것이 대략 20종이다. 여산의 강왕곡 수렴수를 첫째로 쳤고, 두 번째가 무석 혜산사의 석천수이며, 기주의 난계석 아래 물을 세 번째로 쳤다. 네 번째로 협주의 선자산 아래 하마구수를 쳤고, 다섯째가 소주의 호구사 석천수, 여섯째가 여산 초현사 아래 방교의 담수, 일곱째가 양자강 남영수, 여덟째가 홍주 서산의 폭포천, 아홉째가 당주 동백현 화수원, 열 번째가 여주 용지산령수, 열한 번째가 단양현 관음사의 물, 열두 번째가 양주 대명사의 물, 열세 번째가 한강 금주 상류 중의 영수(물이 쓰다), 열네 번째가 귀주 옥허동 아래 향계수, 열다섯 번째가 상주 무관 서락수, 열여섯 번째가 오송 강물, 열일곱 번째가 천태산의 서남봉 천장폭포수, 열여덟 번째가 유주의 원천수, 열아홉 번째가 동려 엄릉탄수, 스무 번째가 설수(눈을 사용하는 것은 불가하다, 너무 차다)이다.

陸羽論水次第 凡二十種 廬山康王谷水簾水第一 無錫惠山寺石泉水第二 蘄州蘭溪石下水第三 峽州扇子山下蝦蟆口水第四 蘇州虎邱寺石泉水第五 廬山招賢寺下方橋潭水第六 揚子江南零水第七 洪州西山瀑布泉第八 唐州桐柏縣淮水源第九 廬州龍池山嶺水第十 丹陽縣觀音寺水第十一 揚州大明寺水第十二 漢江金州上游中零水第十三 (水苦) 歸州玉虛洞下香溪水第十四 商州武關西洛水第十五 吳淞江水第十六 天台山西南峰千丈瀑布水第十七 柳州圓泉水第十八 桐廬嚴陵灘水第十九 雪水第二十(用雪不可太冷).

이 글은 명대의 『속다경續茶經』에 수록된 내용을 인용한 것이다. 육우가 천하의 물에서 찻물로 적합한 스무곳을 골라 20품천品泉이라 명명했다. 이후 무석의 혜산사 샘물과 양자강의 남영수는 가장 좋은 샘물의 상징으로 회자되었다. 고려시대 차에 밝았던 승려나 문인들은 육우의 이 '20탕품'에 대해 알고 있었다. 이런 사실은 이규보의

〈엄선사를 찾아서[訪嚴師]〉에서 확인된다.

내가 지금 산방을 찾은 것은	我今訪山家
본래 술을 마시려는 것이 아니거늘	飮酒本非意
올 때마다 술자리 베푸니	每來設飮筵
얼굴이 두꺼운들 어찌 땀이 나지 않으랴	顔厚得無泚
스님의 격조 높은 것은	僧格所自高
오직 향기로운 차를 마시기 때문이라	唯是茗飮耳
좋은 몽정의 차를 가져다가	好將蒙頂芽
혜산의 물로 달인 것임에랴	煎却惠山水
차 한 잔 마시니 문득 뜻이 통하고	一甌輒一話
점점 심오한 경지로 들어가네	漸入玄玄旨
이 즐거움이 참으로 청담하니	此樂信淸淡
어찌 술에 취할 필요가 있으랴	何必昏昏醉

이 시는 혜산수가 천하의 명천을 상징하는 단어로 정착되었음을 알려주는 자료다.

고려 차인 이규보

차를 향유하는 즐거움을 수없이 노래한 이는 이규보인데 무신정권 기에도 고려의 차문화는 간단없이 이어지고 있었음을 확인할 수 있다. 알려진 바와 같이 이규보는 고려 후기를 대표하는 다인茶人이다. 그는 차에 대한 깊은 안목을 갖춘 것은 물론 불교의 오묘한 이치를 짐작했던 사람이다. 그러므로 고승을 찾아가 나눈 담소는 불교의 현묘한 이치를 공감했던 청담淸談이다.

그의 말처럼 차를 끓이고 마시는 일은 승방의 일과였고 수행자의 수행 깊이를 드러낸 수행 행위요 삶이었다. 그런데도 술을 좋아했던 이규보가 승방을 찾아오자 술을 대접하는 자비를 베풀었다. 그러니 술을 좋아했던 이규보는 이런 대접이 싫지 않았으리라. 그런데도 짐짓 "올 때마다 술자리 베푸니 / 얼굴이 두꺼운들 어찌 땀이 나지 않으랴"라고 했다. 이는 그의 해학이 묻어난 절구絶句라 하겠다.

그런데 이 시의 첨언添言에는 다음과 같은 내용이 들어있다.

선사는 여간해서는 술을 내놓지 않았으나 나에게만은 반드시 술을 대접하였다. 그러므로 시를 지어 사양하였다.

此師稀置酒. 見我必置. 故以詩止之

이규보를 위한 승방의 배려는 뜻이 통하는 지기知己들의 아름다운 우정을 드러낸 것이다.

차를 향유하는 사람이 갖춰야 할 필수 덕목 세 가지가 있으니, 첫째는 검소하고 맑은 정신세계를 지향해야 한다는 것이며, 둘째는 좋은 차를 분별할 수 있는 안목이 있어야 한다는 것이고, 셋째는 찻물을 분별하는 지혜가 있어야 한다는 것이다. 이 외에도 센 불과 약한 불[文武火]이 교차되면서 만들어내는 화후火候의 묘미를 터득해야 한다. 이규모와 그의 벗 엄선사는 이런 묘리를 터득한 사람일 게다.

04

문인들이 남긴 다시

　고려의 문인들은 육우陸羽(733~804)의 『다경茶經』을 읽으며 차의 원
리를 터득하였다. 아울러 차를 즐긴 당대의 문장가 한유韓愈(768~824),
유종원柳宗元(773~819), 이백李白(701~762), 두보杜甫(712~770), 노동盧仝
(790~835) 같은 이들의 시문을 통해 당대 문인이 지향했던 차의 세계
를 공유했다. 그리고 송대의 구양수歐陽脩(1007~1072)와 삼소三蘇로 칭
송된 소순蘇洵(1009~1066), 소식蘇軾(1036~1101), 소철蘇轍(1039~1112), 왕
안석王安石(1021~1086) 등의 다시를 통해 그들이 지향했던 차를 공감
하였다. 그러므로 고려시대 관료 문인들이 남긴 수십 편의 다시茶詩
는 이런 정황을 살펴볼 수 있는 자료라 하겠다.
　다시를 남긴 고려시대 문인들 가운데 괄목할 만한 인물로 먼저
이규보李奎報(1168~1241)가 있다. 그의 차를 노래한 시들은 당시 문인
들이 차를 통해 얻고자 했던 지향점을 잘 드러냈다. 이뿐만 아니라

소식의 초상화

그의 시에는 고려시대 문인들의 차에 대한 안목을 엿볼 수 있는 찻 그릇, 승원에서 벌어진 명전茗戰 놀이 등에 관한 다양한 정보도 담겨 있다.

이규보와 고려시대의 다시들

그의 〈옥당玉堂 손득지孫得之, 사관史館 이윤보李允甫, 사관 왕숭王崇, 내한內翰 김철金轍, 사관 오주경吳柱卿이 화답시和答詩를 보내왔기에 다 시 운을 따라 화답하다[孫玉堂得之李史館允甫王史館崇金內翰轍吳史館柱卿見和 復次韻答之]〉라는 시를 살펴보자. 이규보의 이 시는『국집』권13에 수 록된 장시長詩로, 12세기 말에서 13세기 사이 고려 차문화의 특징을 잘 보여준다. 유려한 문체로 차의 역사와 차문화의 결을 잘 드러냈다 는 평가를 받는 이 시의 첫 단락은 다음과 같다.

옛적에 신농씨는 온갖 초목을 맛보고	昔者神農嘗草木
방경을 저술하여 기혈을 보충하려 했는데	著之方經要補氣
유독 차만은 기록하지 않고 버려두어	獨於茗飲棄不收
온갖 만물과 차의 같고 다름을 논하지 않았네	不與萬品論同異
성인의 말하지 않은 바를 누가 먼저 평했던가	聖所未到誰唱先
해탈에 힘쓰는 연 스님이 더욱 즐긴 것이라	蠲昏釋餉尤所嗜

이 시의 첫 단락은 이규보가 이해했던 중국 차의 역사를 서술했다. 그런데 차를 처음 활용했던 그룹이 승려라는 견해를 피력했다. 알려 진 바와 같이 신농씨는 전설 속의 인물로, 중국 고대사에서 농사법

고구려 오회분묘벽화에 그려진 농사신

과 치료 약초를 규명하여 백성에게 이로움을 주었던 황제인 염제炎帝를 말한다. 이런 사실을 언급하면서 이규보는 "옛적에 신농씨는 온갖 초목을 맛보고" 병을 치료하는 약초를 사람들에게 알려준 인물이란 점을 부각시켰다. 하지만 신농은 약효가 좋은 차를 언급하지 않았다고 하였다. 이런 그의 견해는 종래의 설과는 다르다. 성당 때 중국의 차문화를 집대성한 육우는『다경』에서 "삼황三皇 중에 염제 신농씨가 최초로 차를 알았다"고 하였다. 차를 처음 발견한 인물이 신농이라는 설이 일반적이다. 그러므로 초의선사(1786~1866)도 〈동다송〉에서 "염제의『식경食經』에 차를 오래 마시면 사람이 힘이 생기고 마음이 즐겁다고 했다"고 하여 육우의 견해를 수용한 흔적이 보인다. 이규보는『다경』을 애독했던 인물이지만 육우의 견해와는 다른 견해를 가지고 있었다. 그가 무엇을 근거로 이런 설을 피력했는지는 파악되지 않는다. 다만 차를 세상에 알린 그룹이 승려였다는 그의 견해는 고려시대 차문화를 주도했던 핵심이 승려였기 때문이 아닐까.

13세기 고려의 차 유통

그렇다면 13세기 차의 유통 상황은 어떠했을까. 그다음 단락을 살펴보자.

요사이 사고파는 차는 속임수가 많아	近遭販鬻多眩眞
약삭빠른 장사꾼의 계략에 달렸구나	競落點商謀計裏
속된 의원들이 신선의 방술에 어두운 것과 같아	有如俗醫迷仙方
망령되게 새머루를 가리켜 칡덩굴이라 하네	妄把蔓荊云是蘽

그런 중에도 (차) 오묘하고도 정미함을
평하는 자 있으니　　　　　　　　　　簡中評品妙且精
오직 운봉에 사는 한 선사라네　　　　　唯有雲峰一禪子

　13세기는 고려의 차문화가 발전할 대로 발전하였던 시기로, 왕실 귀족, 승려, 관료 문인들 사이에서는 최고급 백차白茶가 유행되었다. 그러므로 차를 애호하는 사람이 많아지자 사고파는 상인이 있었다는 것을 알 수 있다. 그런데 나쁜 차를 좋은 차로 속여 파는 일이 허다했다는 점도 드러난다. 그러기에 이규보는 "망령되게 새머루를 가리켜 칡덩굴이라 한다[妄把蔓莫云是虌]"고 질타하며 상인들이 어떻게 차를 속이는지 지적하였다.
　그 이전인 12세기에도 고려에서는 차가 상업적으로 유통되었는데, 이런 정황은 서긍의 『선화봉사고려도경』에 "(중국 황실에서) 하사한 차 외에 상인들도 가져다 팔기 때문에 근래에 두루 차 마시기를 좋아하여 다구에 더욱 정성을 들인다[自錫賚之外 商賈亦通販故 邇來頗喜飲茶 益治茶具]"라고 한 대목에서 확인할 수 있다. 따라서 12~13세기 고려에서는 송나라 황실에서 하사한 용봉단차 외에도 상인들이 거래하는 중국차가 유통되고 있었다.
　예나 지금이나 이해관계에 밝았던 상인들의 속임수는 여전했던 듯하다. 그렇지만 차를 알아보는 고수는 있게 마련인데, 그 중에도 차에 밝은 사람은 이규보와 막역했던 운봉에 사는 승려라고 하였다. 운봉에 사는 수행자는 바로 규 선사를 말한다. 일찍이 이규보는 〈운봉에 사는 규선사께〉라는 시를 썼다. 이 글에서도 운봉의 규선사가 차에 밝았던 인물임을 강조했다.

御苑玉芽
銀圈
徑一寸五分
銀模

白茶
銀圈
徑一寸五分
銀模

어원옥아와 백차

최고급 백차의 정체

그렇다면 승원이나 왕실 귀족, 관료 문인들이 향유했던 최고급 백차는 어떤 차였을까. 좋은 차의 품격을 서사적으로 표현한 이 시의 해당 구절은 다음과 같다.

평소 절로 미소 짓게 하는 섣달에 움튼 차 싹이	平生自笑臘後芽
톡 쏘는 강렬한 (차) 향기, 코를 찌르네	辛香辣氣堪掩鼻
우연히 몽산에서 딴 첫차를 얻어	偶得蒙山第一摘
물이 끓기도 전에 우선 맛을 보았지	不待烹煎先嚼味
미친 객이 한번 맛보고 유다라 부르니	狂客一見呼孺茶
늙은 나이에 어린애처럼 탐내는 데야 어이하리	無奈老境貪幼稚
강남에선 눈 속에서 따지 않았다면	不是江南冒雪收
이월 중에 어이 서울에 당도하랴	京華二月何能致
물건 팔림이 모두 사람에 달렸으니	物之自售皆由人
다리 없는 옥 같은 차도 오히려 찾아오네	珠玉亦猶無脛至

그를 미소짓게 한 차는 섣달에 움튼 차 싹으로 만든 최상급의 단차團茶였다. 이는 규선사가 보낸 차로, 섣달에 딴 차라서 차향이 코를 찌를 정도로 강렬하였다. 이는 허브향이다. 유다라고 불렀던 차는 승가에서 만든 것이다. 그러므로 욕망이 사라진 나이인데도 어린아이처럼 탐을 낸다고 하였다. 이는 차를 즐겼던 고려 문인들의 차에 대한 관심이었다. 섣달에 움튼 차 싹은 1186년에 저술된 조여려趙汝礪의 『북원별록北苑別錄』에도 이렇게 묘사되어 있다.

上品揀芽

此　鑱　銀
係　壔　模
脫　按　﹅
　　說　銅
分　郭　圈
寸

작은 싹은 그 작기가 매 발톱과 같다. 처음 용단승설 백차를 만들 때, 그 차 싹을 먼저 골라 다음에 쪄 익힌다. 찐 잎을 물동이에 넣고 그 정령한 것을 쪼게 (속대를) 취하니 겨우 작은 침과 같았다. 이것을 수아(水芽)라 부른다. 이것을 작은 차 싹 중에 가장 좋은 것이라 한다.

小芽者 其小如鷹爪 初造龍團勝雪白茶 以其芽先次蒸熟 置之水盆中 剔取其精英 僅如針小謂之水芽. 是小芽中之最精者也.

여기서 언급된 매 발톱처럼 생긴 차 싹을 따기 위해 차출된 백성의 노고를 짐작할 수 있다. 더구나 차를 쪄서 속대를 발라낸다. 물속에 넣은 속대 차 싹은 마치 은으로 만든 가느다란 실 같았기에 은선수아銀線水芽라 불렀다. 이규보를 미소 짓게 한 차도 이런 차였다. 그러니 "톡 쏘는 강렬한 (차) 향기, 코를 찌르네"라고 한 것이다.

고려인의 고려차에 대한 자부심

이런 차를 맛본 사람은 차의 계보를 쓰고 싶으리라. 그다음 단락을 보자.

시로써 논평하여 보계(譜系)에 대신하고 싶지만	作詩論詰欲代譜
붓끝에 혀 없으니 자세히 진술할 수 없구려	筆端無舌莫詳備
유선(儒仙)에게 그 정수(精粹)를 발췌하게 하여	要令儒仙抉其精
허술한 종이에 거친 글씨로 써 보내오	硬牋麤字書以寄
다섯 친구 연원 찾는 데 노력하였기에	五君騁思探淵源
거울에 비치듯 조금도 어긋남이 없네	毫髮莫逃如印水

시를 감상해 보니 다경보다 좋구려	見詩猶勝見茶經
육우가 품한 것도 찌꺼기에 불과할 뿐이네	陸生所品糟粕耳
격조 높은 이소경에 붙일 것은 못되지만	調高未合綴離騷
시편의 뒤에 이을 정도는 되리	當繫詩篇聯四始

　이규보가 맛본 차가 하도 아름다워 보계를 쓰고 싶지만, 자신은 붓 끝으로 이를 표현할 수 없을 정도로 진귀한 차였다고 했다. 차를 잘 알았던 이규보의 친구, 옥당玉堂 손득지孫得之, 사관史館 이윤보李允甫, 사관 왕숭王崧, 내한內翰 김철金轍, 사관 오주경吳柱卿 등은 차의 연원을 잘 아는 사람들이라 차의 품평에 대단한 실력을 갖췄다. 그러니 이들이 쓴 차에 관한 화답시는『다경』보다 뛰어났고, 육우보다 나은 품평가라는 것이다. 그러므로 이 시는 고려인의 차에 대한 열정이나 긍지. 안목에 관한 자신감을 함께 드러낸 것이라 하겠다.

고려 차인의 대표 이규보

고려시대 차를 향유했던 수많은 관료 문인 중에 가장 많은 다시를 남긴 인물은 이규보李奎報(1168~1241)이다. 그의 『동국이상국전집東國李相國全集』은 고려시대 차문화를 조명할 중요 문헌 자료다. 특히 그의 다시 중에서도 수행승들과 나눈 교유의 아름다움을 노래한 시는 승려와 문인들이 차를 통해 나눈 통유의 흔적을 살펴볼 수 있는 자료이다. 고려시대 차문화를 이끌었던 승려들 중에는 유독 차에 밝은 수행승이 허다했다. 그가 안화사 당幢 선사와 차를 즐긴 후, 당 선사가 그에게 시를 청하기에 지은 〈안화사 당 선사를 찾아[訪安和寺幢禪師 師請賦一篇]〉는 13세기 고려시대 차문화의 결을 살펴볼 수 있는 자료다. 이 시를 두 단락으로 나누어 소개한다.

이규보가 안화사에서 만난 차와 선

청산이 참된 친구라	靑山眞故人
내 오는 걸 즐기는 듯	似喜幽人至
내 올 때 맑은 경치 보여주니	來時貺淸景
날씨가 곱고도 아름다워라	風日正妍媚
산에 온 지 얼마 안 되어	到山未云幾
소소한 빗소리 좋기도 하네	蕭蕭雨聲美
머리털 풀고 난간에 누웠으니	散髮臥風軒
한바탕 코 고는 소리 우레 같구나	一場雷鼾鼻
다시 일어나 갠 날을 보니	起視復澄霽
둥그런 해가 나무 끝에 걸렸네	木末掛規燧
매미들은 잎 속에서 울고	鳴蟬翳葉嘒
새들은 나뭇가지에서 싸우네	鬪雀爭枝墜

『동국이상국전집』 권14에 수록된 이 시는 그가 안화사를 찾았을 무렵의 산 풍경을 노래하였다. 안화사를 자주 찾았던 그였기에 친숙한 절의 풍경을 "빗소리 다시 듣기 좋다"라고 하였다. 그와 교유한 당 선사는 선종 승려이다. 초가을 찾아간 절엔 아직도 늦여름의 잔영이 남아 있었던지 "매미들은 잎 속에서 울고[鳴蟬翳葉嘒]"라고 하였다. 오수[午睡]에서 막 깨어나 그가 본 광경은 바로 "둥그런 해가 나무 끝에 걸린[木末掛規燧]" 시점이었다. 둥근 해와 나무 끝을 대비로 놓아 늦여름의 지리함을 맛깔나게 묘사했다. 이어지는 부분에서는 안화사 승려들이 손수 끓여낸 차를 대접받는 정황을 그렸는데, 이는 13세기

사찰의 음다 풍습을 짐작하게 해준다.

승려가 손수 차 달여	衲僧手煎茶
나에게 향기와 빛을 자랑하니	誇我香色備
나는 말하노라 늙고 병든 몸이	我言老渴漢
무슨 겨를에 차 품질 따지겠느냐고	茶品何暇議
일곱 사발을 마시고 또 일곱 사발이니	七椀復七椀
바위 앞 물을 말리려고 하는지	要涸巖前水
때는 마침 초가을이라	是時秋初交
늦더위 가시지 않았으니	殘暑未云弭
낮이면 비록 찌는 듯하나	當千雖敲蒸
서늘한 저물녘의 기운 좋기도 하구나	晚涼聊可喜
수정 같은 푸른 외 먹으니	青瓜嚼水精
시원한 액체 이빨이 시리네	永液寒侵齒
볼처럼 붉은 복숭아	碧桃雙頰紅
씹으니 잠 쫓기에 알맞네	嚼罷堪祛睡
누웠다 앉았다 하며 돌아가는 걸 잊으니	偃仰自忘還
이 놀이 참으로 내 뜻에 맞구려	茲遊眞適意

이 시를 통해서도 13세기 고려의 차문화를 이끈 계층은 승원의 승려들이었다는 것을 알 수 있다. 사찰의 승려들은 질 좋은 차를 충분하게 공급할 다촌茶村을 운영했고, 차를 끓이는 솜씨마저 출중했던 수행승들이었기에 승원의 차문화는 당시 최고의 격조를 드러낼 수 있는 문화의 환경적 요소를 구비한 셈이다. 더구나 수행과 융합된 차

문화는 불교를 대표하는 문화로 정착되었다. 그러니 "승려가 손수 차 달여[衲僧手煎茶] / 나에게 향기와 빛을 자랑[誇我香色備]"할 수 있었던 것이다. 이규보는 차에 밝았던 인물이지만 자신은 이미 늙고 병든 몸이라 "무슨 겨를에 차 품질 따지겠느냐[茶品何暇議]"고 하여 차에 대한 겸양을 드러냈다. 그렇지만 인생은 속단하기 어려운 법, 특유의 문장력으로 무신정권기의 최고 권력자 최충헌[崔忠獻(1149~1219)]에게 발탁되었지만 그의 환로는 그리 순탄치 않았다. 더구나 무신정권에 아부하는 글을 지었다는 세상의 비판도 있다.

하지만 그가 최충헌의 휘하에 있었던 것은 그만의 피치 못할 사정이 있었을 것이다. 이런 어려운 상황에서 그가 안화사에서 마신 한 잔의 차는 혼돈으로 얼룩진 그의 심신을 어루만져준 위안의 차였다. 그가 "일곱 사발을 마시고 또 일곱 사발[七椀復七椀]"을 마셨던 정황은 세상에 대한 갈애가 그만큼 컸다는 것을 의미하는 것은 아닐까. 그의 가슴에 맺힌 응어리를 풀어 준 '푸른 외'와 '붉은 복숭아'의 산뜻한 청량감은 이규보의 글솜씨로 돋보였다. 한편 속진의 번거로움을 씻어낼 수 있었던 안화사의 공기는 그가 "돌아가는 걸 잊게"한 힐링의 장소였다.

보광사에서 만난 선가의 차 한잔

그가 보광사에서 일곱 잔의 차를 마신 후 몸의 변화를 서술한 〈이날 보광사[普光寺]에 묵으면서 고故서기書記 왕의王儀가 남긴 시에 차운하여 주지에게 주다[是日宿普光寺 用故王書記儀留題詩韻 贈堂頭]〉는 그가 차를 향유하며 느낀 마음 상태를 아래와 같이 읊었다.

꿈길 끊긴 산창에 달빛조차 엷어졌는데	夢斷山窓落月光
어깨 곧추세우고 해 밝아올 때까지 읊었네	聳肩吟到日蒼凉
땅 기운 따뜻하니 아직 푸른 숲이 남았고	地溫尙有林衣綠
정원이 오래되어 유달리 누른 버섯 많다	園古偏多木耳黃
일곱 잔 향긋한 차, 겨드랑에 바람이 일고	七椀香茶風鼓腋
한 쟁반 싸늘한 과일은 창자에 눈이 스미는 듯하네	一盤寒菓雪侵腸
만약 석가와 노자를 부을 같다고 본다면	若將釋老融凫乙
우리 유가(儒家)에서	
백양을 숭상하는 것 탓하지 마라	莫斥吾家祖伯陽

『동국이상국전집』권10에 수록된 이 시의 시어를 얻기 위해 고심한 정황을 "꿈길 끊긴 산창에 달빛조차 엷어졌는데 / 어깨 곧추세우고 해 밝아올 때까지 읊었네"라고 노래했다. 꿈길조차 끊긴 산창이란 잠을 이루지 못하게 만든 환경이다. 더구나 시를 읊기 위해서 그만의 고심이 컸던 것이다. 그가 묵었던 보광사는 오래된 고찰로 "정원이 오래되어 유달리 누른 버섯이 많다[園古偏多木耳黃]"고 한다. 보광사의 풍요롭고 넉넉한 정취를 에둘러 표현한 것으로, 그의 글솜씨를 돋보이게 하는 대목이다.

그가 일곱 잔의 향긋한 차를 마셨다는 것은 바로 몸과 마음이 상쾌해져 답답한 속내가 환해졌음을 의미한다. 차는 울화를 없애고 번뇌를 삭여내는 음료이다. 그러므로 정신 음료라 칭송하는 것이다. 더구나 차는 눈처럼 상큼한 과일을 먹은 듯한 상쾌함을 주는 음료였다.

그는 "만약 석가와 노자를 부을 같다고 본다면[若將釋老融凫乙] / 우리 유가에서 백양을 숭상하는 것 탓하지 마라[莫斥吾家祖伯陽]"라고 하

차꽃

였는데, 부을鳧乙은 부새와 을새를 말하는 것으로 서로 비슷하지만 다른 새라는 말이다. 말하자면 석가와 노자도 그들이 설파한 원리는 비슷하다는 것이다. 유가에서 숭상한다는 백양伯陽은 바로 노자이니, 유불도가 크게 다른 것이 아니라는 말이다.

그의 〈늙은 엄 선사를 찾아가서 벽에 걸린 족자의 시운에 따라 짓다[訪嚴禪老 用壁上書簇詩韻]〉는 한겨울에 엄 선사를 찾아가 즐긴 차의 향연을 묘사하면서 승가의 선미禪味를 드러낸 시다. 총 2수 중에 한 수를 소개하면 이렇다.

돌솥에 차를 달여 술 대신 마시며　　　　　　石鼎烹茶代酒巵
화로를 끼고 둘러앉아 찬 옷을 말리누나　　　擁爐圍坐熨寒衣
향불은 뭉실뭉실 파란 연기 날아오르고　　　香畦縈穗靑烟直
귤을 쪼개니 시원한 즙이 이슬처럼 흐르네　　橘腦分漿玉露飛

『동국이상국전집』 권8에 수록된 다시이다. 당시는 추운 겨울이었던지 돌솥에 차를 달여 마시고 화로를 끼고 둘러앉아 찬 옷을 따뜻하게 덥히고자 한 정황을 그렸다. 이미 차를 마셨기에 몸이 덥혀졌을 터. 그런데도 화로에 찬 기운이 도는 옷을 쪼이고 있다는 것은 무엇을 말하는 것일까. 승가의 소박한 일상을 그린 것이다. 향불을 피워 둔 승방, 더없이 청결하고 신성한 곳, 여기서 달고 향기로운 귤을 맛봄에랴. 상큼한 귤 향기가 가득했던 선방, 한입 가득 귤을 머금었을 이규보는 승방의 향불, 차와 귤에서 안분지족을 충분히 만끽했던 선미를 그렸던 것이다.

색인

고려시대의 차문화 연구

초판 1쇄 발행 2021년 12월 20일

지 은 이   박동춘 ⓒ 2021

펴 낸 이   김환기
펴 낸 곳   도서출판 이른아침
주   소   경기 고양시 일산동구 정발산로 24 웨스턴타워 업무4동 718호
전   화   031-908-7995
팩   스   070-4758-0887
등   록   2003년 9월 30일 제313-2003-00324호
이 메 일   booksorie@naver.com

ISBN 978-89-6745-130-1 (03910)